QUERIDA MÍA

SANDRA FERRER

QUERIDA MÍA

AGUILAR

Primera edición: abril de 2022
Segunda reimpresión: abril de 2022

© 2022, Sandra Ferrer
© 2022, Penguin Random House Grupo Editorial, S. A. U.
Travessera de Gràcia, 47-49. 08021 Barcelona
Diseño y maquetación: Laura Inat

Printed in Spain – Impreso en España

ISBN: 978-84-03-52318-0
Depósito legal: B-3.052-2022

Impreso en Gómez Aparicio, S.L.
Casarrubuelos (Madrid)

AG 2 3 1 8 0

A todas las personas con las que me he cruzado en este camino llamado "Vida" y me han hecho crecer y escribir todo lo que contiene este libro.

A mi hermano Albert, por ser el mejor socio que podría tener.

A la vida, por haber hecho que nuestros senderos confluyeran de un modo tan inesperado.

A mí misma, por atreverme a darle voz a lo que algún día pensé que eran estupideces.

Índice

Sobre mí

Soy Sandra Ferrer, psicóloga y cofundadora de Programa Mia, una maravillosa comunidad de mujeres en la que inspirarte, llenarte de amor y generar cambios profundos en ti para que logres sentirte segura siendo tú misma y crear la vida y las relaciones que quieres.

Este es el proyecto de mis sueños que con tanto amor he creado porque representa todo lo que me hubiera encantado encontrar a mí, como mujer, hace unos años. Y por eso, no ha dejado de crecer vertiginosamente y cada vez sois más las que decidís dejar de esperar y despertar a la mujer granDiosa que hay en vosotras.

Ayudamos a miles de mujeres cada día a través de nuestro Instagram, nuestro canal de YouTube y de Spotify, plataformas en las que no dejamos de compartir contenido para que te sientas dueña de tu vida.

Y especialmente a través de nuestro Programa, nuestra poderosa terapia grupal, en la que acompañamos cada día a mujeres como tú a que consigan cambios profundos y para siempre que les permitan amarse, sentirse libres, poderosas y en paz y sacar a relucir todo el poder que hay en ellas. Como también en ti.

En este libro comparto contigo mis reflexiones más íntimas e ideas que me rondan por la cabeza en mi día a día para acercarme a ti, además de como psicóloga, como mujer a la que, al igual que a ti, le pasan cosas y pretende ser una bonita versión de ella misma siempre.

Espero que leer estas páginas te sea igual de nutritivo que a mí escribirlas.

Querida mía,

Estoy aquí para decirte que lo que se te pasa por la cabeza mientras te duchas, andas por la calle, esperas el siguiente autobús o estás conversando con tu almohada no es ninguna tontería.

De hecho, ahora mismo me estás leyendo porque un día se me ocurrió mandar una newsletter semanal con mis pensamientos y experiencias de mi día a día a todas las suscriptoras de Programa Mia, mi proyecto profesional de psicología para mujeres del que luego te hablaré, y resultó ser un éxito. Y de esta recopilación de cartas inspiradoras a mis lectoras nace este valioso libro que ahora mismo tienes entre tus manos y que te ayudará a quererte y a hacer que lo que deseas, ocurra.

Y ¿sabes lo curioso? Que mientras escribía estas cartas tan íntimas que este libro contiene, ni siquiera sabía que un día serían publicadas, lo que todavía lo hace más sincero, natural y espontáneo de lo que podría haber imaginado.

Lo dicho, si quieres resolver aspectos relevantes y decisivos para ti y para tu vida de una manera fácil, fresca y amena, en clave femenina y desde la mirada de una mujer normal, como tú, que se acerca a ti como si de una buena amiga se tratara, estás en el lugar correcto.

¿De qué va este libro?

Va de que te priorices, de que te empoderes, de que saques una bonita versión de ti misma siéndote fiel y soltando aquel papel que a veces pones en marcha para gustar. Va de que construyas relaciones que te sumen y que te hagan sentir valiosa y sueltes las que te hacen sudar sangre y que acaban haciéndote dudar de quién eres y de lo que vales.

@programamia

Va de que dejes de darle tanto al coco y fluyas atreviéndote a ser tú, gustándote a ti misma por sentirte auténtica y, a los demás, por la vibra tan bonita que vas a emanar.

En definitiva, este libro va de ti. Porque todo lo que creas en tu vida es un reflejo de lo que sientes hacia ti misma, cómo te percibes, cómo de merecedora te sientes de recibir lo mejorcito y hasta qué punto confías en que lo que quieres para ti, ocurra. Y no como por arte de magia porque se han alineado los astros y tú, de rebote, te beneficies de ese golpe de suerte. Sino porque te vas a responsabilizar de ti, de lo que sientes, de las decisiones que tomas, de a quién eliges y de tus heridas, que se van activando con las diferentes personitas que tu vida te va poniendo por delante hasta que las sanes.

Me encanta que asumas la parte del pastel que te toca y que sientas que, gran parte de lo que la vida te devuelve, tiene que ver con cómo tú te tratas y la tratas a ella. Si esto que te cuento te encaja, estoy feliz. Porque eso quiere decir que estás asumiendo tu poder en lugar de dejarlo en manos del destino. Así que estás en el lugar correcto, van a pasarte cosas bonitas a lo largo de esta lectura. Bueno, mejor dicho, vas a hacer que pasen cosas bonitas y yo te ayudaré con ello.

Como soy una romántica, quería que mi newsletter tuviera forma de carta. Y por esta razón, verás que este libro se compone básicamente de cartas en las que te cuento anécdotas desde mi faceta más personal, la de mujer, que al igual que a ti, le pasan cosas y pretende ser una bonita versión de ella misma día a día. Así que, desde ya, me tomaré la libertad de dirigirme a ti como amiga, a la vez que te iré contando mis reflexiones más íntimas, maneras de ver el mundo, recursos y herramientas que tanto a mí como a las miles de mujeres a las que ayudamos diariamente en Programa Mia, nos han ido de perlas para sentirnos protagonistas de nuestra vida y hacer de ella lo que realmente queremos.

Verás que este libro se compone de cincuenta y tres cartas. ¿Por qué? Porque durante todo el año 2021 envié a mis seguidoras una carta semanal con todos mis más y mis menos, con mis aprendizajes y mis anécdotas. Y como quería que este libro reflejara todas mis andaduras a lo largo de este 2021, aquí te van todas las cartas que mandé este último año y que albergan gran parte de mis aprendizajes de vida. Estoy segura de que habrá un poquito de mí en ti y de que esas andaduras también las harás tuyas.

Además, verás que en el libro recopilo mis mejores post de Instagram a modo de píldoras que acompañan a ciertas cartas. Me encanta la brevedad y el consumo en formato «monodosis» y siento que leer esas pequeñas píldoras va a activar en ti grandes reflexiones de vida.

Tengo que confesarte que algunos post que he incorporado en el libro, ahora mismo no los escribiría igual. Incluso dudé de añadirlos porque algunos de ellos me resultaban algo desfasados. Pero una buena y sabia amiga me dijo «Sandra, ni se te ocurra quitar esos post aunque a día de hoy no los escribieras así. Hay mujeres ahí fuera que se encuentran en el mismo punto en que tú escribiste ese post y necesitan leerlo para avanzar tal y como tú lo has hecho y lo seguirás haciendo».

Y ¿sabes qué?, tiene mucha razón. Así que todo lo que vas a ver escrito es algo que para mí fue significativo en el pasado y que me ha permitido ser la mujer que ahora mismo soy. Así que solo por eso es oro e incorporar todo lo que mi Yo del pasado en su día escribió, es una manera de homenajearlo y darle las gracias por todo lo que ha hecho por mí.

Como me encantan los microrrelatos y las frases célebres, verás que tras mis cartas y post, encontrarás algunos de ellos para que te lleves en un par o tres de líneas un mensaje poderoso que no debes olvidar. Verás que solamente ocupan una página, para que puedas hacerle una foto y llevarte ese mensaje contigo o bien colocarlo como fondo de pantalla de tu móvil.

Además de mujer, soy psicóloga y cofundadora de Programa Mia, una maravillosa comunidad de mujeres en la que inspirarte, llenarte de amor y generar cambios profundos en ti para que logres sentirte segura siendo tú misma y crear la vida y las relaciones que quieres.

Lo hacemos a través de nuestro Instagram (@programamia), nuestro canal de YouTube y de Spotify (Programa Mia), plataformas en las que no dejamos de compartir contenido para que te sientas granDiosa y dueña de tu vida. Además, es en el Programa, nuestra poderosa terapia grupal, en el que conseguís cambios profundos y para siempre que os permitan amaros, sentiros libres, poderosas y en paz. Gracias al poder del grupo y a las grandes dosis de comprensión, apoyo y amor que se generan ahí dentro, lográis conectar con vuestra autenticidad y poder innato por lo que realmente sois y no por lo que habéis hecho hasta ahora para ser lo que los demás esperan.

@programamia

Como ves, adoro el concepto de grupo, de tribu, de comunidad, de compartir, de crecer juntas y de inspirarnos las unas a las otras. Ni te imaginas lo poderoso que es poderte ver desde los ojos de otra compañera que te admira, que te mira con amor y que te hace conocer aspectos de ti que ni siquiera reconocías como propios. En definitiva, el grupo es sostén, es apoyo, es aceptación incondicional, es poder ser sin la necesidad de hacer. Es sentir en tu corazón esa energía compartida de amor y fuerza para conectar con quien realmente eres, creerte lo que vales y vivir en congruencia con eso, colocándote en tu lugar sin pretender meter con calzador relaciones que te quedan pequeñas. Ni más ni menos.

Y por eso me fascinan los cambios que generáis en la terapia grupal, porque son absolutamente vivenciales, emocionales y sentidos. ¿Acaso sirve saber qué debes hacer para llevarlo a cabo y sostenerlo en el tiempo? Desde mi humilde experiencia, lo que realmente hace que encares tu vida de forma distinta y te comas el mundo no es saber que eres válida y que te lo mereces, sino sentirlo a fuego dentro de tus entrañas. Y cuando eso ocurre, lo que proyectas en tu vida es lo mismo que sientes hacia ti y la vida: amor y abundancia elevado a mil.

Como hemos cambiado la vida de tantas mujeres a través de nuestra terapia y recibimos mensajes tan a menudo de absoluto agradecimiento, vas a ver que a lo largo del libro menciono nuestro Programa y te cuento sensaciones y experiencias que han vivido las más de 800 mujeres que han pasado por aquí hasta el momento en que escribo esto, y yo misma, a través de mi propio proceso de crecimiento personal.

Hablo en plural porque lidero este maravilloso proyecto con mi querido socio y hermano Albert, y te prometo que no puede existir un mejor *partner in crime* que él. Sin la admiración, la confianza y el amor que nos tenemos, no podríamos formar el equipazo que hacemos juntos. Y si no fuera así, no estaríamos ayudando cada día a miles de mujeres ni tendrías este libro entre tus manos.

Al igual que no lo lograríamos sin el equipo tan tremendamente humano que lo hace posible, nuestra pequeña gran familia.

Antes de seguir, quiero contarte más sobre cómo se sienten o se han podido sentir todas las mujeres que nos siguen por redes sociales, las que están dentro de nuestra terapia y para quienes he escrito este libro.

Puede que tus relaciones no acaben de cuajar, por más que te esmeres no te salen bien y con el tiempo y el ir acumulando fracaso tras fracaso, en lugar de sentir que aprendes de ello y que estás más preparada, te ocurre lo contrario. O sea, que vas acumulando información y teorías para sentirte a salvo pero la realidad es que estás dejando de fluir y que, cada año que pasa, te sientes menos natural cuando conoces a alguien por la cantidad de trabas que la vida te ha ido poniendo y los miedos que has ido acumulando.

Quizá seas una mujer a la que la gente considera una tía resolutiva, fuerte, autónoma... Hasta aquí bien, ¿no? Pero tú, en el fondo, no te sientes así y aunque tengas esa pinta de mujer de éxito, en tu fuero interno todavía se te complica más todo porque encima parece que tengas que hacer malabares por seguir preservando esa imagen que tienen de ti. Cuando, en realidad, tú te sientes con mil inseguridades que además no suelen sospechar. ¿Y qué pasa entonces? Que tu exigencia por «no ser descubierta» va en aumento. Más estrés.

Tal vez sientas que para sentirte a salvo te vas mucho a la mente, lo intentas controlar todo, le das treinta y dos vueltas a cada cosa que haces o te ocurre y te comes la cabeza lo más grande por aspectos que, en realidad, no tendrían porqué hacerte gastar tal cantidad de energía.

Quizá eches de menos a aquella adolescente inexperta que fuiste. Pero no por su inocencia porque, para qué engañarnos, si ella hubiera sabido lo que tú hoy, te hubieras ahorrado unos cuantos palos. Pero bendita espontaneidad y facilidad para dejarse llevar, ser ella misma, amar y ser amada de una manera mucho más intuitiva, sin tantos miedos ni condiciones y sin toda la información psicoterapéutica que tienes ahora insertada en forma de microchip en tu cabeza. En definitiva, ojalá pudieras vivir sin que tu vida sea un plan milimetrado sobre papel.

Además de lo que te cuento, este libro es para ti si te encuentras en infinidad de situaciones como estas.

Cuando tienes ganas de encontrar el amor.

Cuando repites patrones que no te funcionan.

Cuando te atrae quien no te hace bien.

Cuando te sientes sola.

@programamia

@programamia

Cuando tienes miedo al amor y no fluyes.

Cuando piensas tanto que no vives.

Cuando tu ex asoma la patita y te cuesta pasar página.

Cuando tú quieres más que él y te toca de lleno en tu herida de rechazo.

Cuando no paras de exigirte ser la mejor.

Cuando te da la sensación de que les asustas.

Cuando temes que el tiempo pase sin avanzar.

Cuando sientes que tu entorno lo hace y tú te estás quedando atrás.

Cuando tu vida te aburre y no sabes cómo remontarla.

Cuando sientes que vives tu soltería esperando.

Cuando quieres saber si esa persona es o no para ti.

Cuando quieres fluir y dejar de programarlo todo.

Cuando no encuentras tu lugar.

Cuando más allá de tu faceta de tía de éxito, quieres ser feliz.

Cuando necesitas creerte lo que vales y darte el permiso a brillar...

En definitiva, cuando quieres empoderarte siéndote fiel a ti, comerte el mundo y dejar de esperar a que alguien resurja de las tinieblas, te tienda la mano y te rescate cual princesa encerrada en el torreón del castillo.

¡Ah! No sé a ti, pero a mí, cuando leo un libro, me gusta saber qué aspecto tiene la escritora y cuatro cosas más para podérmela imaginar y así sentirla más cerca. Así que si a ti te pasa lo mismo, decirte que soy de Barcelona, tengo 35 años, vivo junto a mi caniche Dana y lo demás prefiero que lo vayas descubriendo a través de mis cartas. Esta soy yo. Así, cuando me leas, podrás sentirme más presente.

Gracias por estar aquí, de verdad te digo que lo que te voy a contar lo he vivido y sé muy bien cómo se siente estando ahí. Y por eso, tal vez haya momentos en los que sientas que te leo la mente. Pero no, no soy bruja, soy psicóloga y además mujer que ha sentido lo que tú sientes hoy.

Así que amiga, juntas y de una manera fácil y amena, haremos que pasen cosas maravillosas a lo largo de estas páginas que te hagan sentir granDiosa.

PD: Verás que tocas las cartas las inicio con un «Querida mía». Como te he dicho, me voy a tomar la libertad de hablarte como a una amiga íntima a la que le confieso mis éxitos y vulnerabilidades y a la que tengo mucho aprecio y confianza.

Como ves, adoro lo íntimo y cercano y, por ello, la marca se llama Programa Mia. Porque este proceso es tuyo y de nadie más y porque, pase lo que pase, te tienes a ti. Aunque compartido con personas que te impulsen a crecer, que te quieran y te guarden en su corazón como una parte valiosa de ellas mismas, es mágico.

Sin más, querida mía, empezamos.

@programamia

Cómo usar este libro

Te aviso. Este libro es una experiencia.

¿Qué quiere decir esto? Que no es el típico libro que empiezas por la primera página y te dedicas a leer y leer hasta que te lo acabas o que, si no te engancha, te lo dejas a medias. Es distinto y quiero explicarte el porqué y cómo usarlo para que realmente te ayude y, sobre todo, lo disfrutes. No lo olvides, los mayores aprendizajes se dan cuando lo pasas bien y lo vives con amor.

Soy una fervorosa lectora de libros de crecimiento personal y casi todas las mañanas me planto delante de mi sección de libros en casa, los miro y escojo aquel que me llama ese día. Lo cojo y empiezo a leer por la página que me apetece. Puede que sea un capítulo al azar o puede que decida seguir donde situé el punto de libro la última vez. Como ves, no me gusta adherirme a ese mandato rígido que te prohíbe empezar un libro hasta que no te has acabado el anterior. Ni mucho menos obligarme a acabarlo o tener que seguir el orden preestablecido por el autor. Recuerda, el libro está a tu servicio. No tú al servicio del libro.

De hecho, el único libro que me ha autorizado a usar el sistema del que te hablo es *Vitaminas para el alma*, de Jack Canfield y Mark Victor Hanse.

Se trata de un libro de cuentos breves cuya moraleja te estimula las ganas de vivir y de amar y que mi padre nos solía leer a mi hermano y a mí cuando éramos pequeños. Por cierto, una monada de libro.

Quería que mi libro tuviera un formato parecido a este pero solo tenía un efímero recuerdo, ya que el libro físico lo perdí de vista hace tiempo. La sorpresa fue que estas Navidades cayó de nuevo en mis manos. Cuando recibí este maravilloso regalo, me emocioné muchísimo y releerlo y tocarlo me conectó con mi infancia y con esta idea tan bonita que ya se estaba gestando en mí de consumir los contenidos a sorbitos para digerirlos mejor y que hoy te traigo yo a ti.

Volviendo a mi método de lectura, no sabes lo que me ayuda. No estoy más de veinte minutos al día leyendo y, no sé si es el azar o la energía pero quiero creer que lo que leo es justo lo que necesito ese día para traer a mí una señal, inspirarme o aclarar ese tema que necesito aclarar. Y eso lo consigo escogiendo aquel libro y aquel capítulo que intuitivamente siento que necesito leer. Sin más.

Tanto es así que cuando empecé a idear el formato de este libro, tuve claro que quería un libro que no tuviera ni un principio ni un final y que estuviera compuesto de píldoras o contenido en monodosis que te permitiera finalizarlo sin esa sensación de que te quedas a medias. Por esta razón, tanto las cartas como los post que verás a lo largo de estas páginas, te llevarán pocos minutos. Eso sí tus reflexiones alrededor de ello pueden durar lo que quieras y más.

Así que puedes empezar este libro y a la vez «acabarlo», mientras te tomas el café de la mañana, mientras esperas el autobús o en cualquier momento del día que necesites esa monodosis de inspiración y sabiduría.

Ahí van mis recomendaciones sobre cómo usarlo:

- No leas el libro de golpe. Los contenidos en formato carta y post están ideados para que te lo tomes como un buen café, en formato monodosis. Y a partir de ahí, los saboreas, dejes que reposen, que te inspiren y que te enseñen algo para aplicar en tu vida. O sea, que permítete una buena digestión, así todo sienta y se integra mejor.

- Abre el libro por la página que te dé la gana. ¿Por qué no empezamos a creer en las señales? Tal vez, aquella carta que cae en tus manos porque sí, te quiere decir hoy algo que necesitas escuchar.

- Si lo prefieres, puedes dirigirte al índice y dejarte llevar por el título de las cartas y los post para leer aquello que te resuene en ese momento. Además como a mí me encanta ir al grano, he creado un apartado en la página 335 para que encuentres fácilmente las cartas que te irán ideal según la situación que estés viviendo.

- Puedes leer y releer las cartas y post tantas veces como quieras. Y eso es lo más bonito de este libro, porque cada vez que lo hagas, verás que tu mente y tu corazón le darán un significado distinto y te llevarás un nuevo aprendizaje según la energía y las experiencias que estés viviendo en ese momento.

- Quiero que te impliques en este proceso de autoconocimiento, amor propio y empoderamiento. Y por eso, no solo vas a escucharme tú a mí, sino que vas a escucharte tú a ti. Por eso, al finalizar algunas cartas y post, encontrarás el icono 🌀 y, a continuación, te formularé una pregunta para que puedas responderte tú misma a lo largo de las líneas que verás para que lo hagas. La pregunta que te planteo cobrará sentido para ti después de haberte leído la carta o el post a la que va asociada, así que te aconsejo que no las respondas de forma aislada sin haberte preparado previamente con la lectura.

Puede que te dé pereza hacerlo o que leas la pregunta y la intentes responder mentalmente mientras haces otras cosas. Si te ocurre esto te entenderé, nos es más fácil consumir conceptos e ideas que no extraer de nosotros la sabiduría innata que llevamos dentro.

Pero te tengo que decir que tomarte un espacio para escribir tus respuestas es el mayor aprendizaje que puedes obtener a lo largo de estas páginas. Si todas las respuestas están en ti, encontrarlas puede ser mucho más potente que leer tres libros más sobre autoconocimiento.

- Y como me encanta que me sientas como una amiga y acompañarte desde muy cerca, he añadido los mejores episodios del pódcast de Programa Mia que verás indicados con el icono 🎧 ⅰⅼⅰⅼⅰ para que, tras acabar de leer algunas cartas y post, puedas escanear fácilmente desde tu móvil el código QR que verás y escuchar ese episodio que te dará un superempujón para enraizar todas esas ideas inspiradoras y llevarlas a la acción.

Además, me encanta ilustrar los conceptos de los que te voy a hablar contándote historias. Así que para que las sigas bien, aquí tienes una pequeña leyenda de los personajes que vas a ir encontrando en los post de este libro.

@programamia

👩 Esta es Mia.

👩 Esta es Ani.

👩 Esta soy yo, Sandra.

👨👩 Estos son algunos ligues de Mia y de Ani.

👩👩 Estas son mujeres reales como tú y como yo.

EMPEZAMOS POR MIA 👩

Ella es una mujer tierna, muy sensible, con un corazón enorme. Pero se siente constantemente ansiosa en sus relaciones. Y está en alerta, analizando si ha habido algún cambio en él como para que se tenga que preocupar. De hecho, esta mañana, ese mensaje de buenos días no lo ha recibido. Y esa suspicacia se pone en marcha. Mia es especialista en percibir milésimas de peligro. En el fondo, está acostumbrada a estar en alerta y a adaptarse para que se queden a su lado. Por lo menos, la mayoría de sus relaciones han sido así.

Y ya sabes que elaboras teorías sobre la realidad y predices el futuro basándote en lo que tú has vivido. Y da igual que a la vecina del quinto le haya salido muy bien siempre y te jure y perjure que cuando un hombre se enamora no tienes que hacer absolutamente nada, ni estar alerta ni analizar ni preocuparte. Simplemente porque está y tú lo sientes dentro de ti. Pero Mia duda cada semana de lo que siente por ella, analiza si algo en su mirada es distinto, estudia lo que tarda en responder sus mensajes y, lo pone a prueba a ver si sale de él pasar tiempo con ella ese fin de semana.

Pero a veces explota y le dice que lo nota raro, distante, que tienen que hablar. Él le dice que nada, que está todo bien y que quiere estar con ella. Así que decide apostar de nuevo por esto y se entrega y está más pendiente de él que nunca. Cuando están juntos se acurruca a su lado esperando a que él adivine que necesita un abrazo. Pero él está inmerso en su serie favorita.

Entonces ella se enfada y le echa en cara que ha venido a su casa con todos los bártulos para estar con él, que ha dejado de ir al gimnasio y de quedar con amigas solo por él. Él se cansa. Y le dice que no sabe qué coño hacer para que esté tranquila y se sienta bien.

Se agobia. Le dice que tenga vida propia, que nadie la ha obligado a dejar de ir al gimnasio ni a quedar con sus amigas.

@programamia

Que él no se lo ha pedido y que no le culpe por ello. Que esa es su decisión y eso no implica que él tenga que compensarle con lo mismo y dejar de ver su serie. Le repite otra vez que él no puede demostrarle cada día y con la misma intensidad que está ahí.

Y cuando Mia le ve las orejas al lobo, se da cuenta de que tiene que relajarse, que le está apretando más de lo que él puede tolerar. De hecho, la mayoría de las relaciones acaban porque no hay un equilibrio entre el dar y el recibir.

Y cuando alguien te da mucho y tú no sientes que se lo puedas ofrecer de vuelta, lo que le ocurre al otro es que se satura, se agobia o se siente en deuda. Y ¿a quién le gusta sentirse presionado? Porque cuando la presión la sientes en tu cuerpo, lo que ocurre es que las ganas naturales que se te despertarían si no existiera esa presión, se esfuman.

Y créeme que aunque lo que se espera no se pida, en la esfera emocional se siente. Se siente cuando el otro va a quedar decepcionado de nuestra escasa predisposición.

E incluso se siente cuando el otro, a pesar de aguantarse las ganas, desearía más, mucho más de lo que le podemos ofrecer.

👩 Pero Sandra, es bonito que te den. No sé qué hay de malo.

🧑 No hay nada malo si el otro se siente cómodo con lo que tú le das. Pero imagínate que es mucho más de lo que él siente darte. Tú te sentirás insatisfecha porque tu medida es otra y esperarás que algún día llegue la recompensa. Y él se sentirá abrumado porque necesita un ritmo más bajo.

👩 Pues no pasa nada, yo no espero que él me devuelva lo mismo que yo le ofrezco. A mí me sale del corazón porque yo soy así.

Pero lo que Mia no sabe es que eso no es cierto. Porque el único amor incondicional que no espera retorno es el de una madre hacia un hijo. Y aquí no hay hijos, hay una pareja o potencial pareja que solo funciona cuando existe ese equilibrio entre el dar y el recibir. Y esta verdad que te estoy contando, ¿sabes cuándo se destapa? Cuando la relación acaba.

Y entonces...

👩 Después de todo lo que he luchado, joder... Darle tanto a alguien para esto.

Y en ese preciso momento te das cuenta de que se ha acabado precisamente porque lo has dado todo. Y el otro no lo quería todo, ni lo podía sostener ni dártelo de vuelta.

@programamia

Así que justamente lo que Mia dio para que la relación no se acabara, fue lo que la llevó al fin.

Así que ella se quedó sin «nada» porque lo dio «todo».

Y a él le sobró ese «demasiado».

ADEMÁS, TE QUIERO PRESENTAR A ANI

Ella es la cara opuesta de Mia. Una mujer aparentemente fuerte, con las ideas claras, que no se anda con rodeos, que tiene la piel curtida y se avanza al peligro dejando de necesitar. La manera en la que ha aprendido a sobrevivir es sintiéndose importante y poderosa generando relaciones desiguales en las que ella es la que lleva el mando.

Y al igual que Mia «casualmente» siempre se siente atraída por hombres huidizos que se escabullen y con los que tiene que hacer las mil y una para retenerlos, Ani es un imán de hombres inmaduros, con algún problemilla u otro, que no tienen las cosas claras. Vaya, diamantes en bruto, como dice ella. Y Ani se siente cómoda puliendo esos diamantes hasta sacarles el brillo que ella sabe que tienen. ¿El denominador común entre Mia y Ani? El esfuerzo. Ambas se dejan la piel y gastan grandes cantidades de energía en esas relaciones que construyen. Pero Ani no se va a permitir tan fácilmente dejar ver esa vulnerabilidad que ella misma rechaza. De hecho, es una experta incluso en dejar a ese hombre que ella intuye que no siente lo mismo que ella antes de que él lo haga.

Mira, yo ahora mismo no estoy para personas que no saben lo que quieren. Prefiero que lo dejemos aquí antes de que la cosa se complique.

Ani, me sabe mal, la verdad. Pero si no estás bien, respeto tu decisión.

Y tras ese acto de valentía en que Ani conecta con su poder y dignidad y le pone un límite claro a aquel hombre inmaduro con el que no siente la seguridad de que esté por lo que tiene que estar, se siente fuerte y poderosa.

Ufff tía, la verdad que me he sacado un peso de encima... Yo no estoy para niñatadas, qué quieres que te diga. Yo quiero un hombre hecho y derecho a mi lado, no a uno que no sabe ni por dónde va.

Pues si lo tienes claro y estás bien, adelante.

Curiosamente, tras ese subidón y esa sensación de control de la situación, al pasar unos días, se siente tan insignificante. Él no está moviendo ni un dedo para impedirlo. Y para qué engañarnos, lo que ella esperaba es que él lo luchara. Pero no, no ha sido así.

Y esa fortaleza que experimentó en el momento de ponerle los puntos sobre las íes al susodicho, se está esfumando. En el fondo de su corazón hay anhelo de amor. Pero no se permite expresar todo eso, si ni siquiera ella misma acepta esa parte tan tierna, imagínate desmontar su fachada delante de los demás y autorizarse a ser humana.

Lo curioso es que Ani, un día fue como Mia. Daba tanto... Incluso no era capaz de zanjar las relaciones que ya veía que se enturbiaban con la fuerza aparente que muestra en la actualidad. Por eso, se alargaban mucho más en el tiempo.

Porque en el fondo lo que más quería en el mundo es que lucharan por ella, que le demostraran que con ella sí que valía la pena y ese amor tan grande que sentirían hacia ella sería el motor que les haría cambiar. Pero aprendió que las cosas no funcionaban así. Y que cuando algo duele, es mejor alejarse.

En su fachada de tipa dura viene en el pack su capacidad extraordinaria de disfrutar de su soledad. Es más, se siente mejor en soledad que vinculándose. Y hasta hace un tiempo se llenaba la boca diciéndole a Mia que tenía que aprender a estar sola, que era demasiado dependiente y que eso los hombres lo huelen a leguas.

Pero lo que no sabe Ani es que ese apego a la soledad es la otra cara de la dependencia que ve en Mia y que tanto rechaza. Y dime, ¿cuántas veces has leído que antes de estar bien en pareja debes aprender a estar bien sola? Pues eso es justo lo que Ani se tatuó en su cabeza.

Y decidió que estar sola dolía menos que el vincularse y volver a experimentar una vez más lo que en el pasado tanto le dolió. A pesar de que su herida estaba intacta y lo único que hizo fue alejarse del foco de dolor disfrazándolo de empoderamiento.

🧑🏻👱🏼‍♀️ Mia, tienes que aprender a estar sola. Yo qué sé, por ejemplo, irte a pasear sola, tomarte algo en una terraza, incluso alguna escapada. Que parece que todos los planes motivantes los dejes solo para compartir con un tío y eso no es.

Pero esa aparente calma se desmorona cuando Ani vuelve a experimentar algo por alguien. Y cuando ese alguien está detrás de ella y ella es quien lleva la batuta, se siente a salvo. Pero cuando el suflé baja y ella también tiene sentimientos por el otro y siente que lo necesita, se pone de manifiesto lo mismo que le une a Mia:

«Tengo miedo a que no me quieran y a que vuelva a salir mal».

Y aunque para sentirte a salvo necesite colocarse en una posición de poder, está harta. Harta de no poder establecer relaciones de verdad, profundas y duraderas, en las que sentirse plena, como les ocurre al resto de mortales. Pero buscar entrega y profundidad cuando tú no quieres entregarte ni desnudarte delante del otro, es mucho pedir.

1

Cuando te escribe, pero sus intenciones no han cambiado

Querida mía,

El otro día publiqué un post titulado *Cuando ese mensaje no implica querer volver.* Te cuento... Hablaba de cuando dejas esa relación porque no tira, porque esperas mucho más, porque esa persona no te está colocando como una prioridad y con todo el dolor de tu corazón, se acaba. Y de repente te llega un wasap del susodicho diciéndote: «Te echo de menos...».

Quizá tú te sientes por momentos reconfortada. Es algo así como «¡Le importo!». Incluso fantaseas con que haya recapacitado, ahora sea distinto y se haya dado cuenta de cosas. Pero conforme pasan los días, tu entusiasmo se va al garete porque vuelves a experimentar una vez más que ese mensaje es solo un mensaje. Y que no ha cambiado nada, ni sus sentimientos ni sus intenciones. Y que esa fantasía de que cambie vuelve a frustrarse. ¡Otra vez!

¿Te suena esto? A mí sí. Y es como hacer dos duelos. El primero, cuando lo dejáis, y el segundo, cuando tras ese mensaje alentador vuelves a experimentar la misma mierda de siempre.

¿La moraleja? Que un «Te echo de menos» no implica un «Quiero apostar por lo nuestro y que sea diferente, y esta vez sí que quiero darlo todo e intentarlo de verdad».

Te escribo porque recibí algunos mensajes culpando a ese hombre que escribe ese mensaje sin ningún otro propósito que desahogarse, tenerte cerca y hacerte saber que te recuerda y que te echa en falta.

«Podría ahorrárselo, la verdad. ¿No se ha parado a pensar que a esa persona le está haciendo un daño horrible y que la está llenando de esperanza?» o «Menudo capullo, su inmadurez va a dejar a esa tía hecha polvo...».

Y razón no les falta. Ojalá fuera maduro y tuviera la inteligencia emocional que te gustaría. Pero precisamente por eso ya no estás con él. Y ¿sabes lo que ocurre cuando te enfocas en lo imbécil que es? ¿O en lo mal que lo hace y en lo inmaduro que llega a ser? Que no logras enfocarte en lo que sí que te concierne y sí puedes cambiar: En ti.

Así que cambia el «Qué capullo» por «¿De verdad quiero mensajes alentadores que luego no llegan a nada?». El «¿Por qué narices hace eso?» por «¿Cómo me siento tras otro desengaño?». Y el «¿Qué pretende jugando conmigo?» por «¿Qué merezco y necesito ahora en mi vida?».

Y te prometo que solo cuando tú eres la protagonista de esas preguntas que te mantienen ocupada 24/7, es cuando realmente te enfocas en lo que seguro sí puedes cambiar y decidir: Tú. Y no él.

Tu energía es tan valiosa (además de limitada) que merece ser dignamente aprovechada.

No vaya a ser que se nos agote.

«Te echo de menos» no
fue suficiente.
Ella quería un «Quiero apostar
por lo nuestro y que lo
intentemos de verdad».

@programamia

Responde: ¿Qué merezco y necesito ahora en mi vida?

....

....

....

....

....

....

Ha vuelto. Sí, pero ¿para qué?

No iba bien la cosa, Mia. Al principio sí, vale. Pero en poco tiempo, vuestros ritmos era evidente que eran distintos.

Parece mentira. A veces nos aferramos a lo que iba bien durante una semana, aunque llevemos otras tantas semanas viendo que ya no va bien.

 «Es que ha cambiado. Al principio era todo tan fluido»...

Pero la verdad es que no ha cambiado, sino que has descubierto quién es, qué quiere, cuál es su ritmo y maneras. Y te das cuenta de que no te encaja lo que estás conociendo.

 «El que me gustaba era el del principio».

Y te aferras a ese ideal que tú misma imaginaste que era por cómo se comportó durante apenas quince días. Pero por más que busques en él a su «Yo del principio», no lo encuentras.

Y se acaba. Se acaba porque no es claro. Su manera de hacer te confunde y aunque había días en que te sentías especialmente especial, había otros en que te sentías insignificante o casi de lo último en su escala de prioridades.

La verdad, sueñas con que en cuestión de días, recapacite y al sentir tu pérdida, se convierta en el hombre que tú pensaste que era. Y poderle decir:

 «Sabía que no me equivocaba contigo».

Y algo le mueve tu retirada. De hecho, te escribe. Y, guaaauuuu, subidón. Ese es el primer paso de la película que te has montado en tu cabeza.

«Hola, Mia, ¿cómo va todo?».

Pero ese mensaje sin rumbo, descontextualizado, confuso y estándar, te hace experimentar la misma mierda que te hizo alejarte de él.

Y te das cuenta, Mia, de que ya no te importa que vuelva a ti, que te contacte o que ese mensaje sea en su idioma un «Te echo de menos».

Porque sabes que no es solo el qué sino también el cómo. Y en ese cómo te falta:

Dirección.

Claridad.

Madurez.

Valentía.

Y, entonces, empiezas a enterrar a ese hombre al que idealizaste. Y te das cuenta de que no es él. Es otro.

@programamia

EL PORQUÉ ESA RELACIÓN TE GENERA ANSIEDAD.

2

Cuando no crees en el amor y no dejas que ocurra

@programamia

Querida mía,

Mañana es Navidad y la verdad, me ha venido mi ramalazo de exigencia pretendiendo hacer un mail supernutritivo y especial. Y desde ahí, sé que me va a costar más escribirlo y que sea de verdad. No sé si te ha pasado alguna vez sentir ese bloqueo cuando quieres que algo quede perfecto... Por eso, suelto la exigencia por sorprenderte y simplemente quiero contarte algo que me encantaría que te calara hondo estos días.

No sé a ti, pero a mí estas fechas me hacen estar más melancólica y sensible, con más necesidad de sentirme arropada y con esa sensación dentro de mí de que algo mágico pueda ocurrir. Siempre pido algún deseo si te soy sincera.

Y este año quiero pedir uno para mí (no te lo voy a contar porque dicen que si no los deseos no se cumplen). Y otro para ti.

Para explicarte de qué va el tuyo antes quiero contarte algo.

Hace un tiempo hablaba con una amiga de otra amiga (Ana). Y yo le decía: «No sé cómo Ana siempre está soltera, es una tía inteligente, *echá pa'lante*, autónoma, divertida... Es raro que no cuaje con nadie». Importante, cabe decir que Ana quería tener pareja.

Total, que mi amiga me respondió algo que a día de hoy recuerdo: «Sandra, el problema es que Ana no cree en el amor».

Paaaaaam. Claro y conciso.

Y no creer en el amor significa sentir que a ti no te va a ocurrir, aunque a los demás sí. Me da mucha pena que haya tantas mujeres que sientan esto en su estómago. Y cuando no crees en el amor, quiere decir que aunque lo intentes, te persigue una sombra gris de desesperanza que hace que las cosas que podrían ocurrirte no ocurran. Y, por eso, nos quedamos a veces en pseudorrelaciones, porque «es lo que hay».

Durante años estuve compartiendo mis idas y venidas sentimentales con un grupo de amigas y en aquella época, a cuál estaba peor. Y no sabes lo mal que recuerdo esa etapa. Parecía que la frustración de una se mezclara con la rabia de la otra para seguir regocijándonos en lo mismo: eso que deseas que ocurra, no va a ocurrir. «Todo es una mierda».

Si te digo la verdad, tuve incluso que tomar distancia de ellas y a nivel social me quedé bastante sola. Pero, la verdad, no me arrepiento porque necesitaba muy mucho coger aire y poder tener una visión del amor bonita y sana.

¿Sabes ese tipo de mujer que desprende una vibra de buen rollo, confianza y esperanza en la vida, tenga o no pareja? Podría ser algo así... Las malas lenguas dicen que «estas tías están *happy* porque seguro que no les están saliendo las cosas bien en la vida». Pero la verdad es que no. A veces no les sale bien. Y a veces sienten anhelo de amor y desean compartir su vida con alguien. Y a veces sienten dolor. Porque son personas. Pero esa vibra que irradian es porque confían en la vida y en el amor. Y por eso, aunque ahora no esté ocurriéndoles, lo que emanan es eso. Y esa vibra lo cambia todo.

Sin más, este es mi deseo para ti. Ojalá puedas estas Navidades creer en el amor y sentir dentro de ti que sí, que vale la pena. Un abrazo inmenso, ojalá lo que te cuento te haya llegado. Te juro que esta idea me ha ayudado mucho.

«No creo en el amor»
— Y no sucedió.
— ¿Por qué?
— Porque no te ocurre lo que quieres, te ocurre lo que crees que la vida te tiene preparado.

Si cierras los ojos y te visualizas de aquí a 5 años en el ámbito del amor, ¿cómo te ves?

Escribe en estas líneas lo que ves, no lo que te gustaría que ocurriera.

3

Cuando pretendes ser doña perfecta para sentirte a salvo

Querida mía,

Lo que te voy a contar te prometo que me daba vergüenza expresarlo. Pero cuando lancé la idea de una carta cercana e íntima, fue porque de verdad quería compartir contigo parte de mis preocupaciones y mostrar mi cara A (la de psicóloga) y también parte de mi cara B (la de persona humana). Así que voy a escribirte tal cual cómo me he sentido estos días.

No te quitaré mucho tiempo, quizá estés con los preparativos típicos de fin de año. Pero te prometo que lo que te voy a contar tiene una moraleja.

Si te soy sincera, además, quiero que este mail no solamente te ayude a ti, sino también a mí, estoy segura de que lo que te cuento va a suponer una reflexión personal para mí misma.

Pues bien, hace años, muchos años, que tomo pastillas anticonceptivas. Empecé por el típico acné juvenil (aunque tuviera ya veintipico años). Pero hace cosa de dos meses y medio las dejé de tomar. Y contra todo pronóstico y aun pensando que mi piel habría cambiado con el paso de los años, estoy llena de granos por toda la cara. Y ahora dirás: «¿Y para esto nos escribes una carta?» (en realidad es mi voz crítica la que deduce que me vas a juzgar por lo que te estoy contando, porque la primera que se juzga soy yo misma).

Pues sí, te escribo para contarte que me he sentido como aquella chica de 21 años que se sentía avergonzada por tener la piel acneica, y que incluso era capaz de dejar de asistir a tal evento o a tal cita por este tema.

Me he sentido insegura estas semanas. Como si esa parte de mí que controlo se hubiera desvanecido. Y, la verdad, me he pasado toda mi vida intentando controlarlo todo para sentir lo menos posible mis miedos.

¿Realmente sabes lo que hace que nos volvamos obsesivas y controladoras?

El miedo.

Y no, no te creas que tú eres así y que no hay más. Porque estoy segura, al menos a mí me ha pasado, que cuando estás más en calma, confiando en ti y en la vida, tus niveles de control y rigidez disminuyen. ¿O no?

Pues es de eso de lo que precisamente te vengo a hablar hoy y lo que me quiero sellar yo misma en la frente este 2021, y ojalá que tú también lo hagas.

Dime, ¿qué controlas? ¿Tu peso, tu piel, tu aspecto físico, tus comidas, tu nivel de deporte, tus llamadas a algunas personas, el interés que muestra ese alguien en ti, la validación que recibes de otro alguien?

Recuerdo, hace unos años, que de golpe sentía que hacía ya varios días que no hablaba con algunas amigas y, desde el miedo, mandaba como tres o cuatro mensajes a personas diversas preguntándoles cómo estaban. Como puedes comprender, ese mensaje no nacía del amor, de la intención simple y llana de saber cómo estaban de verdad, sino del miedo. Del miedo a perder esa intimidad o conexión que nos unía. Y otra vez el dichoso control.

Ahora, cuando siento que el control aparece en mí, intento soltarlo. Y me imagino en un avión, en el momento en que aterriza. Antes, agarrotaba todo mi cuerpo y apretaba los puños para sentir lo menos posible esa sensación que me resulta tan desagradable. Y ¿sabes lo que me ayuda ahora en ese momento? Hacer precisamente lo contrario: soltar, relajar mi cuerpo y dejar mi tono muscular a −3. Y, sorprendentemente, es como si todo fuera más fácil y como si dejar de impedir que algo malo ocurra sea lo que hace posible que me sienta mejor.

Simple y llanamente dejándome de resistir al miedo.

Y sí, no tengo la piel perfecta. Pero ahora ya no soy aquella niña que necesitaba constantemente de la aprobación de su grupo de iguales y que consideraba que no sería valorada por mucho más que por su estética. Ahora soy una adulta y esa niña habita en mí y la abrazo.

Y para mí, mi mayor meta para este 2021 es soltar. Dejar de resistirte, dejar de impedir que lo que no deseas ocurra. Porque aunque digan que rendirse es de cobardes, créeme que en los tiempos que corren, rendirse, a menudo, es de valientes. Y rendirse implica aceptar, asumir y dejar de querer que las cosas sean de otra manera. Porque las cosas, aunque a veces nos molesten, realmente son como deben ser. Y el dolor nace cuando nos oponemos con tanta resistencia a ello.

Incluso es más doloroso intentar forzar que esa relación que ya sientes que no funciona sí que funcione, que rendirte y asumir que quizá, por lo menos ahora, esa persona no es para ti.

Te deseo una noche especial (o no, a veces tanta pretensión nos agarrota). Deseo que lo que te comparto desde lo más íntimo de mí te ayude. Ahora me siento agradecida de haber compartido mis sentimientos contigo.

@programamia

Imagina que esta carta surgiera efecto en ti y desde ya empezaras a hacer algo distinto.

¿Qué te haría saber que esta próxima semana estás soltando un poquito más el control?

....

....

....

....

....

....

....

....

....

....

....

4

¿A ti también te han dicho que no debes necesitar de nadie?

Querida mía,

¿Sabes la de veces que he escuchado en los últimos meses esa frasecita de «Esta pandemia ha llegado para que nos demos cuenta de algo y aprendamos»? ¡Miles! Al principio no te negaré que me lo creí, pero conforme han ido pasando los meses, la verdad, le estoy cogiendo hasta manía a esta frase.

Aunque te diré una verdad muy grande y es que, efectivamente, a lo largo de estos meses, he aprendido algo muy valioso que quiero compartir contigo.

Te explico...

Hace muchos años, cuando entré en el mundo de la dependencia emocional, me di cuenta de que era yo la que me tenía que dar lo que necesitaba para dejar de pedirlo fuera. Total, que interioricé tanto esta teoría que empecé a «obligarme» a gestionármelo yo todo.

NOTA: yo era la típica que necesitaba ayuda hasta para redactar un mensaje de texto al que me gustaba y lo tenía que consensuar con otras personas para saber qué hacer.

Total, que cuando me sentía sola, estaba aturdida o preocupada por un tema, encontré la solución en autorregularme.

Lo que significa buscar dentro de mí respuestas, saber cómo canalizar mis emociones, y encontrar la fortaleza desde dentro, sin necesitar a otros para sentirme mejor. Incluso en aquellos días grises en los que ese vacío se despertaba dentro de mí, quería saber llevarlo y hacerlo bien. No quería caer en lo que siempre hacía: tapar, tapar y tapar.

Pero me pasé de la raya. En aquel momento, a pesar de lo doloroso que me resultaba, me sentía orgullosa: ¡ya no buscaba que nadie me salvara! Quizá estás pensando: «Qué, Sandra, olé tú».

Pero ¿sabes qué?, se me olvidó algo fundamental: no, sola no puedes con todo. Y, creértelo, es peligroso para ti. Eres un ser humano como yo, y estamos preparados para compartir y para pertenecer a una tribu. Es más, la soledad nos despierta miedo porque estamos preparados genéticamente para encender alarmas cuando no sentimos a ese círculo de apoyo cerca.

¿No te ha ocurrido ir por una calle en la que pasa gente y sentirte arropada y segura y, sin embargo, pasear por otra en la que no hay ni un alma y sentir miedo?

Ojalá este mensaje te permitiera devolverte esta condición tuya tan humana, a pesar de que el bombardeo de mensajes en redes nos confunda e incluso nos haga sentir mal por el hecho de necesitar de otros, desear compañía, anhelar el calor y la ayuda de personas cercanas...

Y no, eso no te convierte en una cobarde dependiente, sino, más bien en alguien sano. Y me parece maravilloso devolverte este concepto. Y si eres capaz de autorregularte, pero no de pedir ayuda (es decir, que vas a sentirte mal por desear ese abrazo, por aceptar que necesitas esa conversación, por necesitar estar en tu nido, por sentir el calor de alguien), ¿cómo vas a poder darte lo que necesitas buscándolo y pidiéndolo?

Te prometo que tuve que hacer terapia para corregularme y poder pedir ayuda e ir a buscar ese calorcito en aquellos días en los que lo necesitaba sin juzgarme.

Este fin de semana pensaba sobre ello porque me he pasado tres días en casa de mi familia. Y sí, ¡bendita corregulación y el darme permiso para ello!

El «Yes, you can» suena de maravilla, pero, a veces, vas a querer volver al nido, vas a desear cuidarte y pedir ayuda y vas a sentirte el doble de mejor si te dejas arropar por tu gente.

Corregularse no es dependencia, querida. Ojalá puedas encontrar este maravilloso equilibrio entre la autorregulación y la corregulación.

Ojalá que lo que te cuento te llegue hondo.

Un abrazo fuerte.

@programamia

— Quiero ir a Bali.
— Pues ve sola.
— Podría, pero quiero compartirlo con personas especiales.

@programamia

No, no quiero estar sola. ¿Y qué?

Estoy en la pelu y mientras espero a que me hagan el tratamiento de hidratación posverano, me viene algo a la cabeza que hace tiempo que me ronda.

¿Qué pasa si digo que no me gusta vivir sola?

¿Te parecerá que no estoy bien conmigo misma?

¿Que necesito empoderarme?

¿O que no predico con el ejemplo?

Que ya sé que puedo valerme por mí misma, económica y emocionalmente hablando.

Que puedo elegir no compartir mi vivienda con nadie.

Pero ¿qué pasa si algunos días se me hacen largos si no veo a nadie?

Que parece una tontería, pero alargar el desayuno charlando de cosas con tu *family,* hace que la mañana se te eche encima (a lo bien). E incluso que tengas que ir rápido a ducharte porque no llegas a donde tengas que llegar.

Puede que ese domingo, solamente con ir al mercado a comprar cosas buenas y preparar ese plato que os hace ilusión, ya sea el plan del día. Sin pretensiones. Sin mucha expectativa. Y ese domingo compartido, mientras picoteas patatas y acompañas al otro mientras prepara esa receta, resulte amable y te haga sentir bien.

Y que conste que lo puedes hacer tú sola. Que conste.

¿Te imaginas un mundo en que la gente que prefiere vivir acompañada lo haga?

Y que eso no les convierta en unos losers.

Y que eso no solo sea para personas que no pueden pagarse el alquiler.

O para personas de la tercera edad que no pueden valerse por sí mismas.

O para aquellos que creen que sí o sí, la única alternativa es buscarse un churri o vivir con la familia que les ha tocado, aunque no les acabe de encajar (a pesar de que en el fondo los quieran).

@programamia

¿Te imaginas que el vivir con otras personas fuera lo normal?

Y no, no te hablo de vivir con tu familia o con tu pareja. Que también. Sino con personas independientes emocional y económicamente que deciden covivir con otras.

Cada uno en su apartamento.

Y compartiendo espacios comunes, ratos, comidas, cenas o simplemente nada, si ese día no es lo que necesitan.

¿Te imaginas, además, que vivir así fuera guay?

Que nadie te tuviera que aleccionar ni decir que no sabes disfrutar de ti ni de tu compañía.

¿Te lo puedes imaginar?

Yo sí. Y me encanta.

EL PELIGRO DE SER DOÑA AUTOSUFICIENTE.

5

Cuando te sientes una loser por querer más que él

Querida mía,

Hace un par de días publiqué en stories algo que me ha hecho invertir mucha energía en mi vida y hoy quiero aprovechar que estoy algo sensible para compartir esta reflexión. Te juro que hacer esta carta es algo terapéutico para mí. Es como si de dentro de mí saliera la Sandra evolucionada que, con claridad y amor, sabe cómo recolocar a la Sandra que a veces se desorienta, como buena humana que es.

Pues bien, voy a ello. En las stories hablaba de la necesidad que tenemos de quedar por encima, de hacerle saber al otro que no perdemos el culo por él, de que somos dignas, de que somos fuertes.

Véase el típico ejemplo de cuando te sientes rechazada por un hombre. Y cuando digo «sentirte rechazada» no implica que él te haya verbalizado que no te quiere ver. Es más, probablemente no te haya rechazado. Es decir, puede que él sí que pase buenos ratos contigo, desee volver a verte, te recuerde con buen sabor de boca... El caso es que tú te sientes rechazada cuando él no te da aquello que tú quieres. Cuando él no contacta contigo, no te propone quedar, no es lo cariñoso que te gustaría... En definitiva, te sientes rechazada cuando no te hace sentir especial.

Cuando no sientes que le despiertes suficiente como para que mueva el culo.

Entonces, te plantas y le dices que eso no va contigo y que no es lo que tú necesitas. Y «Ohhhhh», te sientes bien. Pero en el fondo, sabes que tú le has rechazado porque él no te ha puesto como una prioridad. Y, por lo tanto, entiendes que la rechazada eres tú.

Y, bufffff, no te gusta nada el papel de la que quería más y la que estaba colgada de él. Porque te hace sentir como la loser, la que pierde, la que se queda rayada y se siente mal cuando él, quizá, no gasta ni un 0,5 por ciento de la energía que tú sí que estás invirtiendo. Y cuando lo piensas, te sientes como una pringada.

Pues bien, te avergüenzas de fantasear con él, de rememorar cómo te hizo sentir la última vez y de saber que él probablemente no lo haga. Entonces quieres quedar por encima. Hacerle saber que ya no te aporta. Y ojalá que te propusiera veros y decirle que NO. Así, es como que habría un empate.

Si aún me sigues leyendo, tengo que decirte que te entiendo. Créeme que te entiendo. Yo también he intentado resolver esa sensación de rechazo, de sentirme poco digna y por debajo, poniéndome por encima. Haciéndole saber que paso, que estoy bien, que soy atractiva, inteligente y que hay muchos otros que querrían compartir su tiempo conmigo.

Pero de repente lo resolví. Y ¿sabes cómo?

Con humildad.

Sintiéndome dulce y bonita por querer abrir mi corazón, por sentir algo por alguien, por atreverme a amar, por ser sensible, por ser soñadora, y por tener ilusión.

Soltando esa parte ruda que necesitaba para protegerme. Porque yo no soy ruda ni dura. Yo soy yo. Y justo cuando no pretendía demostrarle nada a ese hombre que revoloteaba en mi cabeza, más en paz me sentía, más amorosa, más humana...

Porque comprendía que, tal y como me decía mi psicóloga Mayte Sánchez, en el amor o todos ganan o todos pierden.

Y justo cuando dejas de pretender ser alguien, de que tus sentimientos y deseos cambien, es cuando el ego va desvaneciéndose. Y te dices a ti misma: «Solo soy una persona. Con toda la inmensidad que soy, solo soy eso, una persona que se ilusionó por otra».

Y pretendía encontrar la paz en mí, queriéndome, y aceptando que no hay nada malo en mí. Que lo único malo es pretender ser algo que no soy.

¿Sabes? Hace años trabajaba en un concesionario de coches y yo, con toda mi ilusión, al entrar decía: «¡Buenos días!». Y no me solían responder. Yo, muy triste, le dije a mi padre lo que me ocurría. Y él me respondió: «Sandra, no dejes de decir buenos días, porque eso forma parte de ti. No dejes que la frialdad de otros te haga perder tu calor».

Y hoy me acuerdo de esas palabras. Qué gran verdad. No dejes de ser quien eres por más que otros sean de otra forma.

Gracias por leerme hasta aquí.

Me lo he pasado muy bien escribiendo esto y me siento más llena de amor que al empezar. Espero que tú también.

@programamia

CLASE ONLINE GRATUITA

Si necesitas un buen chute de autoestima, conectar con tu autenticidad y poder natural y construir las relaciones que ahora mismo quieres para ti, aquí tienes mi clase online gratuita. Te irá de fábula.

No me convierte en menos el
querer avanzar.
Ni a él en más no querer hacerlo.
En el amor, o los dos ganamos o
los dos perdemos.

Estas Navidades, me pido amor

Te entra como un enternecimiento que no te ocurre en otras épocas del año. Quizá sí pero no tan acentuado.

Y te dices que no te gusta la Navidad, que quieres que pase rápido.

Te entiendo mucho.

Aunque a veces no es que no te guste la Navidad, sino que no te gusta sentir ese anhelo de amor.

Y, encima, nos han metido tanta tralla de que no tenemos que necesitar de nada que hasta sientes que has retrocedido. Como si querer que te quieran fuera malo.

O una señal de debilidad.

«¿Será que mi vida no me llena?»

Basta ya... Que todos necesitamos amor, calorcito, piel con piel. Soy ultra fan.

Y básicamente, en Navidad, ese anhelo se cuadriplica. Es como si a tu radio le subieras el volumen y te dijera bien alto que necesitas amor.

Mi querida, tienes derecho a querer amor.

A desearlo.

A anhelarlo.

A tener ganas de compartir, de dar y de recibir.

Yo también soy tú.

A mí me parece superbonito que sientas eso.

De hecho, hasta me gusta que lo sientas (aunque te notes más blandita).

Pero ¿sabes qué? Me encantan las torrijas bien húmedas y mojaditas en leche. Tan sabrosas, tiernitas y ricas. Que siempre apetecen. Me resultan taaaaan hogareñas. Incluso entrañables. Son «casa». ¿No te lo parece?

Y pensar que vienen de un cacho de pan duro que sobró días atrás y lo metiste en un cajón...

Bendito anhelo de amor. Abrázalo. Eso es señal de que estás viva.

De que estás sana.

Y de que deseas dar y recibir amor. Y eso solo están dispuestas a hacerlo las que reconocen que son amor y que merecen amor.

Y cuando asumí eso y me remojé en leche, fue cuando me atreví a querer y a dejarme querer.

6

El sexy se lleva dentro

Querida mía,

A veces me pregunto por qué he pasado momentos en mi vida en los que me he sentido poco sexy. Y soy consciente de que mi pelo, mi ropa y mi aspecto en general eran los mismos de siempre. Pero había algo en mí que se apagaba.

Como si esa energía que desprendes cuando andas por la calle y te sientes bonita, porque estrenas esos pantalones con los que te ves superbién, se hubiera esfumado.

¿Sabes de lo que te hablo? Si es que sí, me entenderás mucho.

A veces he llegado a desear el «efecto ropa nueva», como yo le llamo. O sea, esa sensación de verte bien cuando estrenas algo que te queda de coña y que, curiosamente, cuando usas esa prenda unas veces, ese poder se esfuma. Y te das cuenta de que no importa lo que te pongas, sino cómo te sientes con lo que llevas.

Y te dedicas a comprarte algo más, a arreglar tu pelo o a mejorar tu piel. Y a gastar energía, tiempo y dinero. Porque además, cuando te gastas dinero en las mechas, luego también en productos para hidratar y después en la keratina porque, claro, ahora te ves el pelo extraseco... Un no parar.

Y viva el consumismo y el estar constantemente necesitando más y más.

Y no sabes el porqué, pero no acabas de sentirte bonita, sexy, atractiva... Y tengo que confesarte que eso me ha pasado todavía más en aquellos momentos de mi vida en los que he tenido algún desengaño, cuando alguien me ha herido o he estado más embajonada y vulnerable que de costumbre. ¿Casualidad? No lo creo.

Y te escribo esta carta para contarte la conclusión a la que llegué el otro día por primera vez en mi santa vida. Y mira que me dedico a esto y, en teoría, sé mucho de Psicología. Pero te juro que hasta el otro día no caí en esta gran verdad. Y es que cuando no te sientes sexy, no siempre es porque algo haya cambiado en ti y te hayan arrebatado tu sensualidad, sino que quizá es tan sencillo como que no te sientes interesante.

¿Sabes la de veces que nos arreglamos para sentir ese «sexy» más elevado sin éxito, pero no caemos en lo que te acabo de contar?

Hace un tiempo, le confesaba al marido de una amiga que mi sueño era pasar un fin de año y unas Navidades en otro país, muy lejos, en el que hiciera calor y pudiera tomarme las uvas en tirantes. En aquel momento estaba soltera y ese alguien me preguntó con mucha sorpresa y superextrañado: «¡¿Sola?!».

Sí, flipante. «¿Lo primero que se te ocurre responder cuando alguien con ilusión te confiesa sus planes es eso?», pensé. Quizá me hubiera encantado un «Ah, qué guay, Sandra, es un planazo». Pero no, no fue así.

Y dentro de mí me sentí tan «pobrecilla»... Y me paré a pensar: «Sandra, ¿qué te ocurre para que te ofenda tanto ese comentario?». De entrada te diré que me pareció que él tenía muy pero que muy pocas tablas. Pero ¿sabes? Ahora sé que la primera que se sentía una «pobrecilla» por no tener a alguien con quien hacer ese pedazo de viaje era yo. Y de ahí el no sentirme sexy. Y de ahí que ni esos leggings tan impresionantes me hicieran elevar mi atractivo. Porque yo no me sentía alguien interesante, con una vida interesante. Y, por tanto, no factible de interesar a alguien que sí fuera interesante.

¿Desde cuándo una «pobrecilla» es sexy? Dime, ¿desde cuándo?

Y desde entonces sé que da igual lo que tengas, lo que parezcas o a lo que dediques tus horas y tus días, lo que importa es lo que tú creas de ti y lo interesante que te consideres. Y eso, eso sí que es sexy.

¿En qué momentos te sientes interesante?

Me siento interesante cuando...

4 MÁXIMAS PARA DEJAR DE COMPARARTE.

@programamia

Cuando no puedes evitar compararte

Ya lo sé Ani, a mí también me dijeron que no tenía que tener envidia de nadie. O aún peor, «No te compares»... Como si automáticamente pudieras dejar de hacerlo.

¿Tú has conocido a alguien que te reconozca que envidia a otro alguien? Porque si es que sí, preséntame a esa persona, ¡quiero que nos tomemos un café!

Y por eso te escribo esto, porque cuando hay envidia, todo ocurre por lo bajini.

Total, que lo que haces cuando ves en el otro algo que desearías es:

A. Cogerle tirria (de ahí hasta criticarle lo más grande creyéndote que no es que secretamente le envidies, sino que no te gustan sus maneras).

B. Sentirte fatal por tener ese sentimiento y esconderlo debajo de las profundidades del océano.

Porque como te decía, quien tenga ovarios para reconocer que hay envidia, ole y ole.

Pues imagina que en lugar de la opción A y B, pusieras en marcha la opción C, que se titula «Hacer algo a mi favor con ello».

Tal vez te suene muy romántico, pero ya que el «veneno» de la envidia ha llamado a tu puerta, aprovéchalo. Ya que estamos, lo hacemos bien. Y tus sentires Ani, no tienen porqué ser los del protagonista de una película de Disney.

AVISO: Para aventurarte con la opción C, se necesitan grandes dosis de humildad.

Imagínate preguntándote de manera curiosa estas dos grandes preguntas...

¿Qué tiene esa persona que yo anhelo?

¿Con qué inseguridad o miedo me hace conectar su presencia?

Y el espejito espejito mágico hará su función. Porque «Lo que dice Juan de Pedro, dice más de Juan que de Pedro».

Firmado: que levante la mano quien nunca haya envidiado a nadie.

7

Cuando el hombre «gallito antidependiente» te saca de quicio

Querida mía,

Hace tiempo que quiero escribir sobre un tema pero me daba miedo, la verdad. Miedo a que se malinterpretara o que ofendiera a alguien. Pero siento que puede ayudarte y, por eso, me la voy a jugar. Quizá lo que me pasa por la cabeza sea justo lo que necesitas oír, quién sabe.

Tengo la sensación interna de que, en muchas ocasiones, nos hemos confundido. Hemos dejado de querer luchar entre nosotras por obtener el premio (el machito alfa) a luchar contra ellos. Como si fueran una amenaza por sistema. Como si no pudiéramos bajar la guardia porque a la mínima de cambio, nos la van a pegar. Y sí, tengo que reconocer que esta actitud ha sido necesaria. Quizá sino, a día de hoy, no gozaríamos de ciertos derechos.

Pero esa mujer que compite, que quiere demostrarle a ese hombre que es fuerte, que ella puede, que es poderosa y que no le necesita para nada de nada de nada, es la misma que se sigue definiendo a sí misma a través de un hombre. Y aunque esta vez, esta mujer parece que lo puede todo, sigue luchando día a día por hacerle saber a ese hombre que con ella no va a poder. Que ella es fuerte y no se va a dejar pisotear.

Y ¿sabes qué? Quizá necesite luchar día a día porque se siente amenazada. Y necesita hacerle saber lo que quizá ella a veces no siente del todo.

Deseo con todo mi corazón que esta mujer de la que te hablo se dé cuenta de que no hay que luchar, porque no hay ninguna guerra. Y que cuando estás por debajo de un hombre o estás por encima de él, en el fondo hay un denominador común: que te sigues definiendo basándote en la posición que adoptas respecto a él.

El otro día una amiga y yo coincidimos con un colega que comentaba con un tono de entre autosuficiencia y tono autosuficiente y de mofa: «No entiendo por qué las parejas tienen que vivir juntas. Yo estoy muy bien solo. Es más, la gente se enamora como si nada. A mí me cuesta enamorarme, la verdad. Estoy mejor así. ¿Por qué tengo que dejar de poner música a toda castaña cuando me levanto solo porque mi pareja quiera levantarse más tarde? Con lo fácil que sería que cada uno estuviera en su casa».

Hace un tiempo, estoy casi segura que me hubiera enzarzado con este hombre. Le hubiera rebatido y entrado en debate tenso con él. La verdad, me hubiera dado rabia esta posición de «gallito antidependiente» y me hubiera sentido ridiculizada por el hecho de yo sí querer enamorarme, ablandar mi corazón y desear una convivencia en pareja. Es más, me hubiera parecido un insensible, que es incapaz de compartir porque no ve más allá de sus propias necesidades.

Pero, contra todo pronóstico, mientras hablaba de su mundo antidependiente, sentí su fachada. Y me llegó algo en él impostado. Como un papel que necesitase interpretar para verse poderoso. Y mientras mi amiga le hacía entender los motivos por los cuales hay que ser medianamente cooperativo cuando estás en pareja, la corté y le dije: «Si él quiere vivir solo y puede hacerlo, pues genial». O lo que es lo mismo: «Tú ganas, me quito los guantes de boxeo. No me apetece luchar». Y aquí acabó la «discusión/debate».

Y te cuento esto para que entiendas que cuando deseas con fervor competir, es porque en lugar de ver al otro desde la compasión o desde ese papel que le hace sentir a salvo porque también tiene inseguridades como tú, lo ves como un rival que te toca de pleno en lo que más duele. Y te recuerda que tú eres la necesitada. Y él no. Que tú eres la que desea esa convivencia. Y él prefiere vivir a sus anchas. Que tú eres la mujer a la que han tachado de enamoradiza. Y él, el hombre que suele ser desapegado. ¿Mitos? Tantos como quieras. Pero solo tú sabes quién eres. Y cuando lo sabes y resabes, no necesitas luchar.

¿Tú has visto alguna vez a un caballo que le diga a un perro que es un caballo? ¿Verdad que no? Porque ya lo sabe.

Pero todos, incluso ese hombre, tenemos algo en común: somos amor y necesitamos amor. Por mucha fachada que haya.

 CUANDO CREES QUE LOS HOMBRES SON LO PEOR, OCURRE ESTO.

¿Recuerdas la última vez que pretendiste demostrarle algo a alguien?

@programamia

Ojo con la fachada.
Incluso con ese hombre
antidependiente tienes algo en
común.
Sois amor y necesitáis amor.

¿Los hombres quieren a mujeres sumisas?

Cuántas veces he oído esto... Y me preocupa, la verdad. Porque creer que todos los hombres quieren a mujeres que complacen, que no opinan, que les dan la razón, para mí es muy limitador. Y te limita a ti, no a ellos.

¿Sabes? Hace un tiempo yo también pensaba eso. Me empezaba a sentir poderosa y pasé de complacer a no pasar ni una. Entonces, obviamente, a los hombres que había escogido en el pasado, no les interesaba la nueva Sandra. Así que lo que yo me contaba, era cierto: «Estos tíos no quieren a una Sandra que pone límites y que se siente fuerte». Pues sí, era verdad. Porque esos hombres con los que yo compartía eran la pieza que encajaba perfectamente con la mía: hombre egocéntrico con mujer complaciente. Un buen match, ¿no crees? Para que haya un protagonista también tiene que haber un follower.

El caso es que yo no me quedaba con hombres complacientes porque ese lugar ya lo ocupaba yo. Y ni yo podía desarrollar mi función ni él la suya. Dos mismos perfiles para una vacante, jeje, no hay match.

Y con esto quiero decirte que lo que te cuentas es tu verdad. Y es verdad porque hasta ahora es lo que tú has vivido. Aunque la verdad verdad es que lo que has vivido es porque tú eres una pieza del puzle que encaja muy bien con aquella otra pieza que tan aborrecida te tiene.

También hay hombres sumisos y complacientes que necesitan a una mujer todoterreno que los arrastre y lleve la batuta. Incluso que les digan lo que tienen que hacer. Y puede que esa mujer necesite de alguien del que tirar. Entonces siguen haciendo match. Y puede que esa mujer te diga que no hay hombres que sepan llevar el mando. Y será verdad, al menos basándose en lo que ella ha vivido.

Pero estoy segura, pero segura, de que hay muchos hombres que no necesitan a una mujer complaciente o sumisa. Más bien les haría sentir mal. Porque esos hombres no quieren que nadie se sitúe por debajo de ellos. Es más, les incomoda. Porque les hace sentir en deuda. Porque no necesitan colocarse encima de una mujer para sentirse poderosos. Porque ya se sienten así. Y quizá esos hombres escojan a mujeres que tampoco necesitan convencer a ese hombre de que con ellas lo tendrán todo.

8

Amigas, que no lo son

Querida mía,

Qué feliz me siento por haberme hecho «mayor». Te lo juro. A veces recuerdo mi adolescencia y, aunque muchos digan que es una época de PM, te prometo que para mí fue devastadora.

Y hoy no te vengo a hablar de hombres, sino de mujeres. Concretamente de amigas. Porque en la amistad fue cuando empecé a sentir la toxicidad en las relaciones. Tener la sensación de que tienes que esforzarte haciendo lo que tu amiga o grupo de amigas esperan de ti. Porque en el fondo no es una amistad desinteresada, sino que está llena de condiciones.

Bueno, te cuento esto, pero no te creas que tenía 16 años cuando me ocurría esto. Te puedo decir que con casi 30 me seguían pasando ciertas cosas como las que te voy a contar. Sentirte tensa cuando le cuentas a tu amiga que te has vuelto a ver con esa persona. Como con miedo a que te riña porque claro, como te había tenido que consolar cuando estabas en el pozo por culpa del susodicho, ahora no te podías permitir el lujo de decirle que le habías vuelto a ver. Porque hacerlo era como casi faltarle el respeto a ella.

Y tú, sintiéndote culpable porque como te ha aguantado el chaparrón, parece que ahora no puedas hacer uso de tu libertad y hacer lo que te dé la gana. Porque en el fondo le debes a tu amiga un «respeto».

Y ese respeto es hacer lo que sus consejos mandan y agradecerle lo que se preocupa por ti. (No hace falta que te diga que lo que estoy escribiendo tiene un terrible tono irónico, ¿verdad?).

O empezar a salir con un chico y sufrir lo más grande porque tu grupo de amigas solteras siguen haciendo los mismos planes de siempre y, como tú quieres pasar tiempo con él, sientes que pierdes por momentos el estatus en ese grupo. Y claro, ya no te invitan. Y cuando les pides que lo hagan te dicen: «Bueno, es que estás con el churri, por eso no te hemos dicho nada». Y casi sin darte cuenta, te sientes excluida. Porque te están excluyendo. Y si no te apuntas a todo, no les interesas. Y tu valor en ese grupo cae en picado.

¿De verdad la amistad se mide por la cantidad de farras que compartes? ¿Solo por eso?

Ahora sé que tener ese miedo de perderte esos planes no es sano. En realidad no tenía miedo de perderme esos planes, sino de perderlas a ellas. Pero la amistad de verdad no implica que tengas que fichar cada finde. En realidad, a eso se le llama manipulación psicológica. «Si haces lo que yo quiero que hagas, seremos amigas. Y si no, la relación se enfriará».

Y esto es lo que más daño me ha hecho en el mundo. Porque tu amiga no te es clara y honesta. No te dice desde el amor un «Sandra, me gustaría que nos viéramos más. ¿Por qué no fijamos un día a la semana para comer juntas?». Más bien era un «Ah, es que no te hemos dicho nada porque estabas de finde romántico».

Y podía sentir esa manipulación dentro de mí. Y siempre, de forma implícita. Cada vez menos llamadas, cada vez menos mensajes... Y de repente en el grupo de WhatsApp en el que solíais comunicaros entre todas, nadie dice ni mu. Y en esas quedadas en las que ellas solo comentan las anécdotas del último finde y de las que te sientes excluida, te enteras de que existe otro chat en el que no estás incluida. Pero, claro, no puedes decir nada porque encima de que ya no fichas cada finde...

Aunque la exigencia no se dice, a veces se siente. Y en pocas palabras, lo que ocurre es que esa amistad solo existe si haces lo que se supone que debes hacer.

Todavía recuerdo una época en que tuve una historia con un chico y deseaba vivirlo sin compartirlo con nadie.

Necesitaba ese espacio para aclarar mis ideas y saber lo que realmente sentía por él. Pues bien, cuando le expliqué al cabo de unas semanas a mi «amiga» lo que ocurría con él, su reacción fue un «¿Y no me habías dicho nada? Se supone que somos amigas. Si no puedes ni contarme esto, apaga y vámonos».

Sí. Ahora resulta que la amistad también es compartirlo todo, te apetezca o no. Como cuando eres adolescente y sientes que cualquier cosa que te guardes solo para ti no está a buen recaudo.

Y después de todas estas historias que no tendrían punto y final, puedo decirte que me siento agradecida. Y me siento libre para contar o no contar mis intimidades, ir cada finde con una amiga o grupo de amigas o no ir, poder decidir tropezarme veinte veces con la misma piedra y contarlo sin miedo, cambiar de planes aunque ya haya quedado y atreverme a hacer lo que me apetezca. Incluso no contestar al momento o no dar consuelo a todo quisqui justo en el preciso momento en que me lo pidan, me apetezca o no, me venga bien o no. Siempre desde el respeto. Y si aun así, esas a las que llamas amigas se quedan, es que tú también te has hecho «mayor» o que tus amigas lo son de verdad.

Y cuando eso ocurre y sientes esa libertad dentro de ti, es simplemente maravilloso.

Un abrazo fuerte, amiga virtual, y gracias por haberme acompañado hasta el final.

Las amistades históricas son las que, pase lo que pase, seguirán conectadas a ti a pesar de no compartir momentos vitales o intereses. Mientras que las amistades circunstanciales son aquellas que configuras porque a ambas partes os interesa debido a que os encontráis en circunstancias o etapas similares y, cuando no sea así, se disolverán.

¿Qué amistades históricas conservas a día de hoy con las que no necesitas autoimponerte nada para seguir conectada a ellas porque todo fluye sin esfuerzo?

Cuando quieres serte fiel, pero sin quedarte sola

Te entiendo mucho, Mia. Llega un punto en que sabes que es bueno ir hacia dentro, estar bien contigo misma, reflexionar, estar en paz... Pero te sientes joven, llena de vida, y también está dentro de ti esa energía expansiva tan chula que hace que te quieras comer el mundo.

Y has hecho limpieza de gente que te rodeaba. Y no te arrepientes.

Ya lo sé, ir a favor de ti suena demasiado bien. Y te libera y mucho. Pero también te hace quedarte sola.

 «No, sola, no. Querrás decir contigo misma».

Ffffffff, sé que a veces da rabia cuando te dicen que es lo mejor que podrías haber hecho. Y más cuando quien te lo dice, probablemente, no sería capaz de desprenderse de algo que le perturba por evitar pasar por ese *impasse* por el que tú sí que estás pasando.

El caso es que ahora estás allí. En el *impasse*.

Y sí, leer libros y meditar durante todo el finde no es lo que siempre necesitas. ¡Normal!

No es malo querer algo más superficial. Tampoco es malo querer evadirte con ocio y planes varios en los que hablar de banalidades.

Es más, eso también es necesario si te lo pide el cuerpo.

Que de tanto ir hacia dentro te has cansado. ¿Y el ir hacia fuera? ¿Dónde queda?

¿Quién te dijo que buscar ocio estaba mal?

¿Y que necesitar personas con las que pasar el finde, también?

¿Quién te dijo que contigo misma te bastabas y te sobrabas?

Que el equilibrio sano, mi querida, se encuentra en el saber autorregularte (tú contigo) y el corregularte (tú con otros).

Así que ¡estás sana, Mia! Como un roble.

Porque quieres dejar espacio a gente afín a ti. Gente con la que un día poder hablar de lo más profundo y otro de las chorradas más grandes.

«Pues, sinceramente, yo no buscaría a gente a la desesperada...».

¡Y otra vez! ¿Por qué nos empeñamos en pensar que estar sana implica estar todo el santo día escribiendo en tu diario y leyendo libros de autoayuda? No eres una desesperada, Mia. Eres un ser humano que necesita socializar y pertenecer.

Y quien diga que salud mental es estar todo el día contigo misma con el incienso encendido, entonces ese tipo de «salud» no es para ti.

En realidad, tampoco para mí.

LA MUJER ESPIRITUAL Y COOL EXISTE.

Meditar no sirve a todos de la misma forma. Ni tampoco escribir en un diario cada día. No existe un ritual, hábito o fórmula que vaya bien a todas las mujeres del mundo. ¿Qué tal si en lugar de replicar lo que te han dicho otros que les funciona, buscas tu propia fórmula? La tuya.

Escribe aquello que te haga sentir bien en estos momentos de tu vida y te haga sentir alineada a ti.

9

Cuando te rayas por si es o no la persona

Querida mía,

A veces echo de menos los 20 años. Tengo la sensación de que en aquellos momentos nada era tan relevante. Y ahora siento que muchas mujeres (yo incluida) queremos saber si el candidato con el que frecuentamos es o no la persona. Te pongo en situación. Conoces a alguien y te gusta. Pero le das muchas vueltas al coco. Pero muchas. Y empiezas a analizar hasta los zapatos que lleva, esas expresiones que a veces usa que no te acaban, hasta estudias si encaja con el perfil de tío que te suele gustar o no. Y todo, ¿para qué? Para saber si es o no la persona.

Situación real.

ANI: He estado súper a gusto con él, pero no sé si me encajará, tía... A mí me suelen atraer los que son más *echaos pa'lante* o que son más el centro de atención. A este lo veo como muy discreto, ¿sabes? No sé, me da miedo agobiarme.

MIA: Bueno, está bien experimentar. Ya irás viendo, ¿no?

Y en el fondo, Ani lo que quiere es que una bolita mágica le resuelva en la segunda quedada si es o no la persona. Como si tuviera una pistola en la sien que le dijera: «No pierdas el tiempo». Si no te eleva al séptimo cielo y si tienes dudas, es que no es la persona. Suéltalo que seguro que así dejarás espacio para el que sí». Y por culpa de ese miedo a perder tu tiempo, realmente, pierdes el tiempo, a esa persona y lo guay de esa historia.

¡Es agotador! Parece que estés en una yincana, como cuando eras una niña, en la que tenías que descubrir la solución en el menor tiempo posible. Vamos, que vives en un *Escape Room* en busca de la meta a contrarreloj, y tal vez sin saberlo. Y, desde ahí, yo me pregunto, ¿cómo te permites que la vida te sorprenda? Si más que poner el corazón le estás metiendo la cabeza, pero no el sentido común, sino la pura constricción.

Y en el peor de los casos, imagina que definitivamente ese tipo con el que has quedado literalmente tres veces, y con el que ya quieres saber si sí o si no, no sientes definitivamente que es para ti, ¿qué pasa? Dime, ¿qué? Pues resuelto. ¿Por qué necesitamos tenerlo todo tan controlado y medir con una escuadra y un cartabón todo lo que ocurre y ocurrirá en nuestras relaciones?

Y lo que pasa es que de esa necesidad de predecir el futuro y lo que te va a ocurrir, ahogas las cosas y haces que se desnaturalicen. ¿Te acuerdas de aquella niña natural que fuiste y que hacía amigos en el parque sin planear, sin saber si encajarían o no y sin nada de nada más que la pura ilusión y las ganas de compartir?

Y si no, recuerda cómo conociste a una de tus mejores amigas. ¿Realmente al día 3 te cuestionabas si te irías de viaje con ella, si la invitarías a tu casa o le confesarías lo más grande? Probablemente no. Pero así ha sido. Y sin planear y sin romperte los cuernos de si sería o no la persona que sostuviera el cargo de «mejor amiga».

Te puedes permitir el lujo de vivir esa experiencia. Y de permanecer en la duda. Y de no saber si es o no la persona. Te prometo que te lo puedes permitir. Que la vida no se te acaba en cuatro meses o en dos años.

Deja espacio. Y tanto si es o no la persona, seguro, pero seguro, que esa persona ha venido porque debías experimentarla. Y era necesaria para ti.

Respira, querida. Hoy te regalo el lujo de tomarte tiempo para vivir.

Vivía su vida buscando la meta
a contrarreloj.
—¿Dónde estás Meta?
Y cuando dejó de ponerle una
pistola en la sien a la vida, ella
le sorprendió.

@programamia

¿Qué pasaría en tu vida si la relación en la que te encuentras ahora o la próxima que construyeras no fuera «para siempre» o lo duradera que esperas?

El amante nutritivo existe

@programamia

Querida mía,

¿No te parece raro que algunas mujeres no se atrevan a ser cariñosas con esa persona con la que se acaban de acostar? A mí me parece surrealista. De repente está dentro de ti e intercambiáis fluidos y, al acabar, no te sientes con el derecho de acurrucarte junto a él. No vaya a ser que se piense que quieres casarte con él.

«Es que no somos nada».

¿Realmente es «nada» dejar que una persona acaricie tu cuerpo, te penetre, os beséis, compartáis ese encuentro sexual, le abras las puertas de tu casa, de tu cama, de tu cuerpo y de tus afectos? ¿Perdón? Entonces «algo», ¿qué carajo es? ¿Tener 4 hijos, 2 perros y pagar dos hipotecas juntos?

El término «hacer el amor» no se creó para aquellos enamorados que tenían una relación estable y duradera o para personas altamente comprometidas. Te aclaro esto porque a veces estoy en conversaciones con otras personas y me doy cuenta de que ese «hacer el amor» se relaciona con algo romántico, lento y, sobre todo, ñoño. Y por eso quiero compartir contigo una de las grandes reflexiones que he hecho a lo largo de los últimos años: se puede hacer el amor con personas con las que no te vas a casar.

Sí querida, se puede tener un sexo íntimo, respetuoso y conectado incluso con personas con las que no vas a compartir más que dos encuentros. Y, además, puede ser un sexo intenso, fogoso y que sea ¡lo más!

Y cuando digo conectado es cuando sientes que estás en una sintonía emocional con el otro. Si al acabar te sientes a gusto con esa persona, percibes ese momento como un lugar cálido y tranquilo, te sientes tú y te permites decir y hacer lo que te apetezca. Y lo más importante, si tras separarte de esa persona con la que te has acostado, no te invade una sensación de vacío, de sentirte a años luz de su mundo y circunstancias, si no te sientes usada o hay algo que se te remueve por dentro.

¿Sabes la de veces que he sentido que había algo en mí cuando ese sexo desconectado no me sentaba bien? Y aunque no me quiera librar de la responsabilidad que me toca, la sociedad te impulsa a «disfrutar». Como si disfrutar fuera liarte a diestro y siniestro con todo el que se te pase por delante. ¿De verdad eso es ser una mujer liberada? Si tienes un orgasmo y tras él no te sientes libre para ser quien eres y, te invade un vacío que no logras comprender y dudas horrores sobre tu valor, ¿dónde queda ese «disfrutar»? Y digo yo, ¿qué sentido tiene usar al otro como una máquina masturbatoria y viceversa cuando lo podemos hacer solos?

Como digo a menudo entre amigas: «Follar por follar es tontería». Y no, no me refiero a estar en celibato total hasta que no aparezca el hombre de mis sueños. Que pasamos del «hacer el amor ñoño y antisexy» al «folleteo padre sin conciencia». ¿Es necesario? ¿Dónde está la gama de los grises?

Cuando digo «Follar por follar» me refiero a ese sexo desconectado, que te da un placer muy efímero, puramente corporal, pero luego te remueve por dentro. Básicamente porque os habéis masturbado con vuestros cuerpos, sin más. Y porque en globalidad, no te ha sentado bien. Que sí, que el durante cuenta. Pero el antes y el después te aseguro que también. Al menos a mí, no se me ocurre hincharme a ostras si me chiflan pero me paso la tarde vomitando.

Ojo, me encanta que te acuestes con quien quieras. Pero ¿sabes qué? Para mí, mi cuerpo es sagrado. Y el tuyo también. Y Por eso elijo a personas con una energía que sea adecuada para mí.

Y sí, hoy te escribo para decirte que existe el amante nutritivo.

Y con ese amante de 10 vas a sentir que estás en un lugar seguro, que os disfrutáis más allá de lo puramente corporal, que hay un respeto y una humanidad compartida. Tal vez creas que ese va a ser tu futuro marido. Pero no, puede que no sea ni tu novio ni nunca lo vaya a ser. O quizá sí, quién sabe. Y ahí está el problema, que el imaginario colectivo nos ha transmitido solo dos opciones: o es un intento de novio y puede que os caséis o tenéis sexo y luego si te he visto no me acuerdo. Y entonces es cuando entro en cortocircuito y entiendo por qué a día de hoy tantas mujeres no se sienten con derecho a expresarle nada porque «No somos nada».

Ya está bien de comprender el cuerpo como un cacho de carne. El sexo nutritivo existe. Y si dudas de si ese tipo de sexo es el que tienes, simplemente lo vas a sentir. Y aunque apasionadamente y echando llamas, vas a hacer el amor... Y no, no hace falta que haya un violinista detrás. Pero lo que sí que sé es que te darás el derecho a ser, además de un cuerpo: un alma en contacto con otra.

Nútrete de vida, de amor y de sexo consciente. Te aseguro que lo hay.

@programamia

—No eres un trozo de carne.
El sexo es conexión, cariño,
respeto y placer compartido.
—¿Aunque no seamos «nada»?
—Compartiros ya es «mucho».

Tú disfruta, que estás soltera

¿Cuántas veces has oído esta frase mítica de «Tú disfruta que estás soltera»?

Yo varias, la verdad...

¿Sabes la de veces que he tenido la sensación de que ese «disfrutar» implica el despiporre máximo?

O sea que ahora resulta que disfrutar siendo soltera quiere decir f... como una descosida, hacer las locuras más grandes y apuntarse a todos los planes del mundo. Siempre. Sí, siempre. Y con quien sea. Porque si no, ¿qué haces con tu vida? Porque ya sabes, solo hay dos caminos para sentir que estás haciendo algo con tu vida:

1. Estar soltera y tener una vida loca.

2. O tener pareja y estar en calma.

👤«Tía, yo si fuera tú, no me lo pensaba, me iba al extranjero una temporada».

👤«Disfrutaría del sexo, ooohhhhhh. ¿Yo? ¿Si pudiera,? Vamos...».

👤«¿Yo no sé por qué no te vas a teletrabajar por ahí? Qué más da ir sola, seguro que conoces a gente».

Y venga. Qué fácil es hablar como «si yo fuera tú». Pero ¿sabes? Esa persona no es tú. Y, quizá, si estuviera en tu lugar, no haría lo que te está diciendo que hagas tú.

Que no. Que estar soltera no implica vivir en un frenesí constante. Como si tu vida fuera la de Paris Hilton.

Y, a veces, tener sexo por tenerlo, te lleva a sentirte vacía y desconectada del otro. Y después de quedarte sola en esa cama, sientes ese vacío odioso que te hace estar mal. Además de un resacón en Las Vegas. Y quizá no te atrevas a expresar lo que sientes. Porque, claro, «Tía, disfruta, tú que puedes». ¿Y cómo vas a expresar malestar después de haber tenido una noche loca de sexo? Hay otras que tienen el sexo más monótono de la historia. O directamente no lo tienen.

Y a veces te apetecerá quedarte en casa, en tu zona de confort. Sí, amiga, sí. Aunque estés soltera.

Y aun así tu vida puede ser bonita y plena.

Cuánta culpabilidad y presión.

Siempre hablamos de la presión por tener pareja. Pero ¿qué hay de la exigencia a la vida fervorosa de la soltera?

Y llega el sábado y no te apetece irte de gin-tonics porque te sientan mal.

👩 «Anda, tía, ¿cómo no vas a ir? Yo si estuviera soltera, vamos»...

Pues sí, puedes no ir. ¡Puedes! Y tu vida de «soltera» seguirá estando bien aprovechada.

Firmado: para solteras que están hasta el moño del frenesí.

FOMO: Cuando quieres estar en todos lados y no estás en ninguno

Querida mía,

¿Cuántas veces te has culpado por no tener la misma energía expansiva que el resto del grupo? Hoy quiero escribirte sobre algo que me ha ocurrido a menudo. Y creo que hasta hace muy muy poco no he podido comprender.

Te pongo en situación. ¿Sabes el típico día que quedas con tus amigas y tú no tienes esa onda que te hace sentir simpática, atractiva y divertida? Quizá no hay una razón de peso. Simplemente estás así. Puede simplemente que estés tan solo más en el modo de cafetito y manta o puede que te duela la cabeza o que, realmente, estés rayada por algo.

El caso es que me encantaba esa Sandra dicharachera, la que tenía ganas de conocer a gente, de hacer planes, de alargarse, con mogollón de energía... Y esa Sandra sentía que estaba «dentro». Y «dentro» quería decir que pertenecía, que las personas disfrutaban con ella y que molaba, en definitiva.

Pero la verdad es que hay otra Sandra. Es una Sandra más sosegada, más recogida, que no quiere excederse con el alcohol porque nota que no le está sentando bien, que le da algo de pereza que venga gente random nueva y tener que seguir con esa energía tan elevada que en ese momento no tiene.

Entonces esa Sandra en «modo reposo» se empezaba a sentir culpable, aburrida, fuera... Y lo que hacía para sentirse mejor era esforzarse y apretar para sacar esa energía expansiva que en ese momento no tenía, la verdad. Y no, no es que ella no fuera expansiva, sino que en ese momento y circunstancias no lo estaba.

Y temía que a los demás no les gustara esa Sandra. Y esos esfuerzos por no perderse nada la agotaban. Tú imagínate... Lo que le sigue a todo esto que te cuento es un FOMO (*Fear Of Missing Out*) como una casa.

O sea, pavor a perderse algo. A que los demás, con esa energía expansiva, hagan cosas, planeen quedadas y tú no acudas. Y así te vas quedando cada vez más fuera mientras que ellos avanzan y asientan más los lazos de unión. ¿El resultado? Hay dos versiones:

1. Ir, sea cual sea tu energía, para evitar ese terrible FOMO y así no quedarte fuera.

2. No ir, pero tener una sensación de pérdida inminente de esos lazos de unión. ¡SOS!

Ufff... Estoy escribiendo esto y realmente me doy cuenta de la cantidad de esfuerzo que he invertido tantas y tantas veces... Como si pertenecer a un grupo o similar fuera una carrera de fondo.

Además, ¿sabes lo que ocurre cuando fuerzas un nivel energético que no tienes? Que no llegas. Y cuando digo que no llegas es que realmente no desprendes autenticidad. Y eso lo habrás notado seguro en algún momento de tu vida. Sobre todo cuando llegas a casa después de ese plan, agotada y tristona. Y, sobre todo, porque cuando estás «sobreactuando», te notas algo agarrotada. Y no te acabas de gustar, porque realmente no estás siendo tú.

Y ¿sabes?, al final te das cuenta de que no hace falta que te escondas del mundo cuando tu energía no está en la cresta de la ola y ni que solamente te muestres cuando sí. Como si tuvieras que esconder a ese yo más huraño, hogareño o en reposo. Y poco a poco te das cuenta de que el miedo por no gustar no nace tanto de ellos sino de ti. Porque la primera que necesita reconciliarse con esa parte eres tú. Y no sabes la de años que me ha costado poderle poner palabras a todo esto.

Un abrazo a tu yo expansivo y a tu yo huraño. Los dos son superespeciales. Ojalá puedas ver lo bonito que hay en ambos, amiga.

Y ojalá esta carta la recibas como un pequeño bálsamo.

Recuerda la última vez que estabas en modo baja energía, hacia dentro y con esa necesidad de recluirte. Intenta visualizar con detalle una escena en concreto que represente ese momento: dónde estabas, con quién, qué hacías, cómo era tu aspecto, qué sentías...

Y ahora responde con total sinceridad: ¿Qué piensas de ti al recordar esa escena?

¡Y YO EN CASA! ASÍ, ¿CÓMO VOY A CONOCER A ALGUIEN?

La mujer que tenía miedo de perder el norte por un hombre

Querida mía, ¿te cuento un cuento?

Había una vez una chica llamada Mia a la que le daba mucho, pero que mucho miedo perder su centro por un hombre. Es como si siempre tuviera una alerta dentro de sí misma que le repetía: «No pierdas de vista tu vida, no pierdas de vista tu vida...». Y esa vocecilla incesante le recordaba que no dejara de hacer cosas por ese hombre, como salir con sus amigas, estar con su familia, ir al gimnasio, tener su espacio personal, etcétera, etcétera, etcétera. O sea, agotador.

Total, que cuando aparecía alguien que la cautivaba en su vida, lo vivía con ansiedad. Porque en el fondo de su corazón había una parte que quería fundirse un poquitín con el otro. Y despertarse a su lado ese domingo y no tener ningún compromiso por delante que interrumpiera la posibilidad tan maravillosa de improvisar el día con un desayuno que se alargara y toda una mañana o incluso experimentar un día lleno de arrumacos. ¡Oohhhhhh!

Pero, claro, el miedo de Mia de perder de vista su vida hacía que esa improvisación no ocurriera. Porque ya había planeado un vermut con amigas y luego, por la tarde, una merienda con sus primas.

Y sí, el tener un *planning* medido de quehaceres con varias personas que la hacían recordar que ella ya tenía una vida que no podía perder de vista la hacía sentir a salvo.

Imagínate. Dentro de Mia había dos voces. Una que la impulsaba a dejarse llevar y a no ponerse límites con esa persona. Y otra que le advertía que dejarse llevar sonaba demasiado bien y que luego, cuando ese «tío» no estuviera, se sentiría alejada de lo que era su vida.

La verdad que la pobre Mia lo pasaba mal. Y cuando desaparecía durante horas y ni siquiera miraba el móvil porque estaba perdida entre arrumacos, a la que cogía el móvil y veía los wasaps que tiempo atrás la hacían sentir entretenida, ahora le angustiaban. Porque no le apetecía contestar en ese momento. Mientras su mente llena de miedos le recordaba que debía hacerlo, que por un tío no podía dejar de ser ella. Curioso, precisamente era su mente la que no le permitía ser ella, no ese tío.

Y claro, Mia no se permitía el lujo de hacer lo que le apetecía. Pero ¿sabes por qué?

Porque tenía miedo de que ese idilio acabara y quedarse más colgada que un jamón.

Porque tiempo atrás había sentido esa sensación de soledad al descolgarse un poquitín de su entorno mientras conocía a alguien.

Curiosamente, a Mia le daba rabia que sus amigas se permitieran el lujo de desaparecer cuando aparecía un churri a la vista que las cautivara. Y como se sentía culpable de estarse descolgando cuando estaba con el suyo, intentaba resolver esa sensación sacando la rabia: «Perdona que te diga, pero ellas han desaparecido en combate cuando han estado con alguien. Y ahora yo sufriendo porque un puñetero domingo me "salto" una comida... Parezco idiota».

Pues ¿sabes qué? Que ya está bien, Mia. Que ese control incesante por no perder tu norte es miedo. Miedo a quedarte sola. A que salga mal. A que esas personas se desvanezcan de tu vida.

Y, en realidad, no estás haciendo lo que deseas, ni lo que más te apetece en este mundo, sino lo que se supone que debes hacer para que el golpetazo sea lo más llevadero posible.

¿Desde cuándo tienes que estar por y para todo y todos? ¿Desde cuándo? ¿Eh? Porque en esta vida, todo es cuestión de prioridades. Y sí, querida, aunque te hayan enseñado a empoderarte y a respetar tu propio espacio, ¿no es acaso amor permitirte hacer lo que te da la real gana?

@programamia

¿Y no es autocuidado no estar presente ese domingo y atreverte a pasarlo con él aunque no estés disponible para «tu gente»?

Porque yo creo que sí. Tu vida no es lo que has tenido hasta ahora, sino que tu vida la creas tú en cada momento. Y también pienso que de tanto repetirte que un hombre no puede cambiar tu vida, estás haciendo de tu vida algo que no sientes, sino lo que se supone que ese escenario debe de tener para sentir que todo está bajo control.

Y ahora ya no gobierna tu vida un hombre, sino tu propio miedo. A fin de cuentas, es algo parecido...

Hasta que un día, Mia se atrevió a perderse. En una meditación, en un viaje, en su pueblo o con ese hombre. Pero siempre, siempre, eligiendo lo que deseaba.

Y eso, eso era autocuidado del bueno.

Fin.

—Valiente es aprender a
estar sola. Y más valiente es
aprender a estar en compañía.
Entregarte. Implicarte.
Meterte de lleno.
—¿Sin garantías?
—Nunca las hay.

@programamia

Cuando la vida de soltera te hace sentir a salvo

Ay, Ani, Ani...

Te has hecho tanto a ti misma que ahora, que empiezas a desprenderte de esas quedadas recurrentes con tu grupo de solteras, se activan tus alarmas.

Y mira que te has pasado media vida diciendo que te apetece tener pareja y quedarte ahí, relajada.

Pero a medida que te dejas llevar con él, sientes que tu vida baja revoluciones, ya no tienes esas ganas de mamoneo y esa energía, tan expansiva y de chica terremoto que se apunta a todo, decae.

Y, ufffff, te da vértigo.

¿Cómo puede ser que estando a gusto con él, estés ansiosa al ver esos planes de «soltera» en los que cada vez se te ve menos?

Quieres estar en todos los lados. Con él relajada, pero a la vez siendo el alma de la fiesta y no perdiendo ese estatus en aquel grupo que tanta vida te ha dado.

Odias sentir esa contradicción dentro de ti. Te agobia.

Pero ¿sabes qué? Esa ansiedad es una tela muy finita que tapa tu miedo.

Y tu miedo se activa cuando sientes que puedes perderte en esa relación.

Cuando empiezas a sentir que hay alguien que puede hacer que pierdas de vista esa seguridad que desprendías en los últimos tiempos. Con lo que te costó lograrla...

Esa vida propia que te hace sentir en tu sitio.

Y no quieres, por nada del mundo, que alguien te desordene esa vida.

Pero no te puedes partir en dos. Es más, ya no te llenan esos planes de hace unos meses.

Y quieres que te sigan motivando igual que antes. Así, porque así no tendrías este eterno dilema. Pero estar en todo sería ir en contra de ti.

Porque ahora te apetecen otras cosas.

Y entre ellas, está él. Y también estás tú y tus nuevas apetencias.

Pero ese miedo te hace recordar que puede que estés en peligro. Que no te relajes.

Y tener vida propia no implica apuntarte a todos los planes. Implica hacer lo que te apetece, eligiendo a quien te apetece y permitiéndote disfrutar de lo que te apetece. Y eso lo harás por ti, no por él.

Solo que tú no te lo permites, Ani. Porque aferrarte a esa vida de soltera lo asocias a seguridad.

Y la seguridad no es un estado civil.

La seguridad eres tú.

Imagina que vuelves a prendarte de alguien. **¿Qué crees que podría ocurrir que temas volver a vivir?**

13

Cuando bajas expectativas para no sentirte presionada

Querida mía,

¿No te parece fácil cuando alguien te acaba de conocer? Estás en la «fase de marketing», como yo le llamo. Esa persona no sabe nada de ti y tú despliegas tus armas. Y después de la fase de marketing, en que sacas tu mejor versión, eres optimista, y te encaja más o menos todo, llega la «fase de verdad». Cuando le dices al otro: «No me apetece nada comer japo y beber, sueño con brócoli al vapor y agua. No puedo con los gases que me da el Lambrusco».

Entonces el marketing, por evolución natural, tiende a caer. Y no, no es malo. Más bien es necesario. Al igual que tampoco es malo vivir esa «fase de marketing». Es natural querer gustar. Que a veces parece que pretender mostrar nuestra cara amable y guay nos convierta en personas que no se quieren. Honestamente, tampoco me parece natural mostrar todo todo todisisisisimo desde el primer día. A veces tengo la sensación de que hemos pasado de estar agarrotadas, y pretendiendo gustar al otro, a querer explicar desde el minuto dos nuestra faceta más turbia. Y, ¿sabes?, eso también es miedo. Como temes que salga mal, te lo cargas tú antes de que ocurra.

A mí me ha pasado. Salir con alguien y que él genere una imagen de mí y...

ÉL: Me encanta la energía que tienes siempre. Tienes un entusiasmo que se contagia, Sandra.

YO: (cagada porque con ese comentario se me activaba el miedo a no ser lo que él espera y a sentirme exigida y agobiada con su expectativa). Bueno, tampoco te creas, eh, que a mí cuando me pillan mis días malos, estoy en plan peli, manta y con la energía bajo mínimos.

ÉL: Bueno, como todos, ¿no? Pero me refiero a que se te ve optimista.

YO: Mmmm, sí, a veces. Aunque otras no. Puedo verlo todo gris también.

Es como si le quisiera decir a esa persona: «Lo que te imaginas que es tan guay, no lo es tanto. Y prefiero avisarte antes de que te generes una imagen de mí demasiado idílica y luego te decepciones o yo me sienta agobiada por lo que tú esperas y no poder dártelo».

O sea, bajón.

Es más, me estoy dando cuenta de que cuando he advertido al otro de que «no soy para tanto», también lo he hecho para no sentirme forzada a ser lo que el otro espera. Quiero decir:

ÉL: Eres de las que se apuntan a un bombardeo...

YO: Qué va... Si muchas veces prefiero algo tranquilo.

Lo que se traduce en «No me exijas luego hacer planes y cosas nuevas todos los días porque no voy a querer y no me quiero sentir forzada a ello».

Esto es como cuando haces propaganda de lo buena que es tu tortilla de patatas y cuando invitas a tus amigos a casa, antes de empezar a comer, bajas las expectativas diciendo: «Bueno, chicos, no sé cómo me habrá quedado hoy. Creo que ha quedado demasiado hecha...». Cuando, en realidad, sería mucho más adaptativo que se te pasara por la cabeza: «Omite ese comentario, tú no eres la responsable de las expectativas o decepciones del otro».

Y te lo digo de verdad. Si ese hombre esperaba de mí que yo fuera el terremoto woman, esa era su expectativa. Y yo no soy la encargada de avisar a nadie en plan: «Quien avisa no es traidor».

Aunque, ¿sabes qué?, cuando te justificas y adviertes al otro, en el fondo fondo fondo, es porque temes no ser lo que espera de ti. O quizá temes verte obligada a algo que no quieres y que él sí. Pero no, querida, ese no es tu problema. Ni has venido a este mundo para saciar la expectativa del otro.

Y si mañana no te apetece salir o sí, lo comunicarás. Y ya está.

Ojalá sueltes con mi pequeña historia el potencial agobio que puedan generarte las expectativas y deseos del otro. Y a veces no es que tengas la autoestima por los suelos, sino que eres humana. Y qué bien que te des cuenta.

—No soy lo que piensas.
—Y ¿cómo eres?
(Prefiero bajar el listón, no vaya
a ser que luego te decepcione).

@programamia

14

¿Tú también has tenido miedo a destacar?

Querida mía,

El otro día me compré un libro titulado *El síndrome de la impostora. ¿Por qué las mujeres siguen sin confiar en ellas mismas?*, de Elisabeth Cadoche y Anna Monterlot, y, ufffff, me removió, la verdad.

Si me sigues, ya sabes que últimamente estoy hablando del miedo al éxito, a crecer, a destacar, a lograr algo muy chulo y ponerte tú misma palos en las ruedas porque en el fondo fondo, no te acaba de cuadrar estar tú en ese escenario.

Y te tengo que confesar que se me han despertado fantasmas semanas atrás con relación a este tema, y por eso he estado hablando de eso. Me encanta que te ayude y te sirva y me encanta reafirmar mis teorías sobre la vida creando contenidos. Para mí es una terapia, te lo prometo.

A lo que iba... No sabes la cantidad de mujeres, yo incluida, que se recortan sus posibilidades por miedo a sobresalir. Y ayer, en el libro explicaban cómo ajustamos nuestro potencial por temor a que alguien de nuestro lado se sienta pequeñito por nuestra luz. Es como si en un acto de caridad restáramos nuestro poder para sumarle al otro seguridad. Incluso a veces relacionamos poder, crecimiento o éxito con algo turbio.

¿A cuántas personas has oído decir: «Esta era guay al principio, pero ahora que ha ido creciendo la verdad, ya no es la misma, ha perdido calidad y fuelle...»? Porque yo, infinitas.

Y no te digo que no sea verdad, pero sin darme cuenta he ido incorporando estas teorías en mi cabeza, la que me recuerda a menudo: «Ey, Sandra, no crezcas mucho, no vaya a ser que vayas a cambiar o que la opinión que tienen sobre ti se enturbie». Es como si dentro de mí hubiera una creencia limitadora que me obstaculizara a crecer. Porque «si crezco, algo malo puede ocurrir» (voz de mi bruja interna).

No me preguntes el porqué, pero ahí está. Y seguramente es una mezcla de críticas que he oído de unas mujeres a otras que han crecido, de las advertencias de mi familia de que no siempre se debe de querer tanto en esta vida o incluso del temor que tan a menudo tenemos de despertar las inseguridades del otro. Porque, ya sabes, si alguien se siente poca cosa y ve a su lado a una mujer que crece y se siente pletórica, sus carencias se van a poner más en evidencia. ¿La culpa es de la mujer que crece? No, es un tema de quien siente esas inseguridades, pero tiene que haber algún cabeza de turco, ¿no? Espero que me entiendas, estoy pensando en voz alta.

Y te cuento todo esto porque al principio, cuando grababa vídeos en mi casa y los veía poquita gente, me sentía refugiada, en mi zona de seguridad. Pero gracias a la vida, tanto Programa Mia como yo estamos creciendo. Ya han pasado por nuestra terapia grupal 600 mujeres y eso implica que cada vez habla de nosotros más gente. Y el otro día sentí miedo. Miedo por todo lo que te contaba unas líneas más arriba. Miedo a que sientan que he cambiado, a recibir más críticas por la mayor exposición; miedo a querer llegar demasiado lejos y que esa ambición tuerza el rumbo de mi propósito... En resumen, miedo a que venga algo precioso. Me llegan a decir con 20 años que estaría haciendo esto y seguro que no me lo hubiera creído.

Y por el camino, aunque nunca me lo imaginé, estoy haciendo amigas por Instagram. Emprendedoras maravillosas que se dedican a lo mismo que yo y con las que puedo compartir sin tabús lo que te estoy explicando. Y el otro día, una de ellas me contaba que puso en marcha una publicidad en Instagram para darse a conocer y que le entró pánico por la cantidad de personas que empezaron a seguirla, y paró en seco la publicidad. ¿El porqué? Por un miedo irracional a pasarse de la raya y a que algo grande ocurra. Ya ves que es un mal extendido, por desgracia...

Es fuerte, ¿verdad? Te cuento todo esto para que veas cómo el miedo a destacar, a crecer, a ser el punto de mira, a lograr tus metas y sueños ¡da miedo! Y me encantaría que lo que te cuento te sirviera para que detectaras esa voz que te recuerda: «No te pases, no te pases, no te pases...», y que la mantengas a raya. Porque mientras te cuento todo esto, siento compasión. Compasión por tantas mujeres y por mí misma en esos momentos en que dudamos de nosotras, porque tenemos miedo a que nos digan: «Ves, te lo dije...».

Y somos capaces de quedarnos en el lugar confortable de siempre. Pero quizá ese lugar no es el tuyo. Quizá tu lugar sea otro que implique salir de tu zona de confort y darte permiso para sacar ese potencial que está ahí escondidito.

Y sí, obviamente, cuando creces, despiertas cosas en los demás. Y qué bien que despiertes cosas, porque al que le generes malestar, tal vez tenga una oportunidad de oro para hacerse cargo de eso y quizá luchar por sus sueños. Y a quien le despiertes amor, motivación e ilusión, guauuu, se va a llevar un pedazo de regalo.

Y no, querida mujer que aún me lees, no te pasas por querer más, por desear algo bonito o incluso grande, muy grande. Porque el éxito, la ambición y el crecimiento no implican maldad, vanidad o falsedad. ¿Quién nos hizo creer esa mierda? La verdad que no lo sé. Pero no tienes que situarte en «la justa medida» para que todos se sientan cómodos y nada se te descoloque. Porque tú eres mucho más que esa «justa medida».

Amiga, pásate de la raya. Hazlo por ti y por todas aquellas mujeres que todavía hoy no se atreven a ser «demasiado».

Pero ¿sabes qué? Tú ya eres demasiado, solo que a veces se te olvida.

Un abrazo enorme y ojalá te llegue al corazón esta carta. A mí me ha ayudado.

@programamia

¿A qué no te estás atreviendo por miedo a pasarte de la raya? **Escribe lo que sea. Puede ser sobre tu forma de vestir, de bailar, de tomar acción, de hablar bien de ti, de celebrar tus logros...**

....

....

....

....

....

....

....

....

....

....

Mis 35 primaveras

Hoy cumplo 35.

Y para mí, son especiales.

Si te soy sincera, toda mi vida le he quitado importancia a este día.

Me decía que no me gustaba celebrar mi cumple, que para mí era un día como otro cualquiera, que no me gustaba ser el centro de atención...

Cuando mis amigas me decían: «¿Qué vas a hacer por tu cumple?», mi respuesta era «No sé si celebrarlo» o «Algo casual, juntarnos todas y ya». Y siempre con la boca pequeña.

Como si con mis respuestas quisiera hacer saber que era un día cualquiera, que no hacía falta hacer el paripé ni nada fuera de lo normal.

¿Y sabes cuál era la traducción de todo eso que me contaba? Que no me sentía merecedora de ser la protagonista y de que todos me hicieran saber que era especial para ellos.

Soy discreta. Y esa es mi naturaleza. Pero si te digo la verdad, algún año en que me hacía la pasota y trataba mi cumple como un simple día más, me entristecía.

Supongo que en el fondo quería recibir dosis extra de amor y cariño. Aunque fingiera que eso no iba conmigo.

Y desde hace un par de años, tal día como hoy no trabajo. Me pongo guapa, con unos pendientes chulos y ropa que me sienta especialmente bien, organizo una comida con mi familia en un sitio superespecial. Y por la noche ceno con amigas, a las que convoco expresándoles que me hace mucha ilusión que estén conmigo ese día.

Porque ese día es importante. Muy importante. Porque yo soy importante.

Y porque esa niña interior que está en mí quiere que la quieran, que la reconozcan, que le hagan saber que es especial. Y si yo no se lo concedo, ¿quién lo hará?

Así que, «happy birthday to me». Me siento una mujer y me siento orgullosa de mí. Y, como dice Brigitte Vasallo, quiero que estos 35 palos se me noten en mis gestos, en mis decisiones y en mis arrugas. Porque eso querrá decir que estoy creciendo. Y que todo lo anterior me ha servido para ser la que hoy escribe esto.

Saber recibir amor es una bonita virtud. Y hoy haré uso de ella. Me merezco eso y mucho más.

Y tú, te aseguro que también.

Fin.

15

Cuando mueres de placer porque te das el derecho a hacer lo que te dé la gana

Querida mía,

Es curioso, hace un tiempo me llenaba la boca diciendo que yo sí sabía poner límites y decir que no. Y te hablo incluso de cuando ya ejercía como psicóloga y ya me había «trabajado». Ahora me río porque parece que cuando estás «trabajada», esto no debería por qué pasarte, como si haberlo hecho te convirtiera en Buda.

Tenía la sensación de que sabía ser honesta con las personas de mi entorno y podía decirles tan campante: «Oye, que esto no me apetece», o dejar de responder unos wasaps cuando ya era tarde o anular un plan porque en ese momento no era lo que quería.

Pero de repente, te llega un wasap y, pfffff, te agobia. Y de repente alguna persona te propone algo que no te acaba de encajar y, pffff, otra vez la misma sensación.

Te juro que me ha llegado hasta a molestar ese mensaje o propuesta. Y ¿sabes qué? Esa molestia nace de mi falta de habilidad para poner límites cuando lo necesito. Y, claro, como no sabes poner límites, lo que quieres es que todos se amolden y adivinen qué es lo que necesitas en cada momento.

Realmente, si tu amiga del alma te escribe una parrafada a las nueve de la noche cuando tú ya estás en modo Netflix, tranquilita, y con unas ganas brutales de desconectar y ese mensaje te agobia, es que no lo quieres contestar, así de simple. Pero el problema no es ese, sino lo que haces cuando experimentas esa sensación: responder.

Dime algo, ¿cuántas veces has respondido a algo por compromiso o de «medio mala gana» porque tocaba? ¿Te imaginas responder solamente cuando te apetece y te hace bien? A veces me preguntáis por Instagram cómo lograr quereros más. Y muchas veces incluso me pedís tips.

Si me sigues, ya sabes que yo no soy muy de tips. Porque un día me harás caso y al día siguiente tendrás la necesidad de volverme a preguntar, porque en realidad ese cambio no se ha dado en lo más profundo de ti, sino que simplemente me has hecho caso porque confías en mí. Pero mañana me volverás a necesitar. Y eso es lo que no quiero que te pase.

Pero hoy sí que te voy a dar un buen tip y es que te cuides. Y cuidarte implica darte lo que en ese momento necesitas. ¿Me imaginas en casa con el pijama y la bata, con mi perrita Dana al lado después de un día que me ha resultado agotador, estar de pantallas hasta arriba y de repente recibir ese whats de mi amiga y resoplar poniendo los ojos en blanco en plan «Joderrrrrrrrr...»? Y encima, después de eso, responderle. ¡¿No te parece raro?! Pues esa he sido yo. Y en algún momento vuelve a aparecer esa faceta que ya tengo localizada.

Tal vez estés pensando: «Ay, es que a veces sabe mal, Sandra. A mí no me gustaría que me lo hicieran». Y, realmente, cuando tú eres capaz de decir que no al otro o de simplemente tomarte ese espacio y no responder a pesar de haber leído ese mensaje, es cuando te deja de molestar que otra persona haga lo mismo contigo. Porque cuando tú te cuidas y haces lo que tu cuerpo te pide, entiendes que otras personas también lo hagan.

Deja de pretender que los demás no te hagan entrar en conflicto. Porque el otro puede querer hablar por teléfono una hora cuando tú prefieres estar en modo avión. Tu problema es no expresar lo que necesitas. Y si dices que NO y el otro se ofende, de verdad te lo digo, es su problema. Y te lo recalco porque me he pasado media vida amortiguando al otro. Como si la culpa que experimentaba al decir que «no» me llevara a tenerle que compensar.

Siendo quizá más atenta, más maja...

Pero ya está bien.

Puedes decir que «no». Puedes no responder cuando «toca». Y puedes dejar de justificarte y de pretender compensar al otro. Porque no hay nada que compensar. Porque no hay nada que debas arreglar. Porque ir a favor de lo que sientes y necesitas, está bien. Es más, demuestra una bonita y sana autoestima.

Ojalá te lo permitas. Yo lo haré.

@programamia

Y cuando empecé a decir que no, me dejó de molestar que me lo dijeran a mí.

@programamia

Cuando dices que sí al otro pero en el fondo no es lo que quieres, te estás diciendo que no a ti.

¿Cuál ha sido la última vez que has dicho que sí cuando en realidad sentías un no?

....

....

....

....

....

....

¿Qué te impidió ser honesta?

....

....

....

....

....

....

....

....

....

....

16

Estar metida en un berenjenal
y quererlo resolver mañana

Querida mía,

Hay algo que me suelen preguntar mucho por Instagram, pero mucho. Te pongo en situación. Típico momento de tu vida en el que estás con la soga al cuello y necesitas ya de ya un remedio milagroso para poder resolver algo que te preocupa. Yo también he estado ahí y en ese momento quieres algo mágico que haga que ese malestar desaparezca. Y, la verdad, ojalá existiera... Pero no te puedo asegurar que ese elixir exista. Bueno, yo por lo menos no lo he encontrado.

Y recibimos mensajes explicándonos la historia particular de cada una y al final de lo que contáis aparece la gran pregunta: «¿Qué hago?». Cuando estás ahí, necesitas un remedio urgente. A ser posible para ayer, mejor que para ahora. Porque crees que ese remedio mágico hará que lo que te está pasando acabe bien, no sufras y no metas la pata y te cargues ese final feliz que te gustaría.

Buaaaa, no sabes la de veces que después de dejar a alguien me he imaginado que me venía a rescatar tipo Richard Gere en *Pretty Woman*, arrepentido y habiendo pegado un giro de 180 grados. ¿Sabes la escena en que él aparece con unas flores y sube aquellas escaleras de pitiminí para evitar que ella se vaya?

Esa escena ha hecho mucho daño. Pero no ha ocurrido así.

O, por lo menos, cuando han vuelto (que me ha pasado en varias ocasiones), lo han hecho cuando yo ya no lo sentía o de un rollo que me volvía a corroborar que no era lo que quería. Ya sabes, típico mensaje felicitándote las fiestas de Navidad o respondiéndote a una story o dándote un like en Instagram. O sea, un «No, así no».

Pero, bueno, a lo que iba. Te quería explicar qué hacer en aquellas situaciones en las que te encantaría que alguien te diera la fórmula mágica para que todo saliera bien, no cagarla y no sufrir.

Ejemplo. Conoces a un hombre que te dice que no quiere nada serio y tú sientes que te gusta, y ya estás metida en el berenjenal. Entonces me escribes y me preguntas: «Sandra, ¿qué hago?». No hace falta ser doctorada en Harvard para saber que lo ideal es que te alejes, ¿no? Peeeeero, ya estás ahí. Y ese «aléjate» estoy segura de que una misma ya se lo ha planteado sola, ¿no crees? Por eso, no me gusta nunca dar consejos del tipo I. Véase consejos como: «No le escribas», «Se te pasará en nada, ya verás» o «Pasa del tema y no te rayes». Es como... «¿No me digas? Pues, oye, eso no se me había ocurrido» (ironía por mil).

El tema es ¿qué consejo es adecuado para este tipo de situaciones? Para mí, el mejor mejor de todos es el de «Haz lo que puedas». ¿Sabes la de veces que te machacas buscando la fórmula secreta para resolver algo ya, de ya, de ya? Y cuando me pedís una solución inmediata, normalmente es cuando estáis en una situación que no se va a resolver en tres días. Puede que ni en un mes. Y por eso nuestra terapia grupal en el Programa no es un apagafuegos para encontrar consejos milagro que te solucionen la vida porque eso no existe. Lo que sí que existe es hacer un trabajo personal profundo en el que hacer un repaso a tu historia de vida, rescatar a tu niña herida, aprender a gestionar sus emociones (las tuyas), llenarte de confianza e ir alineando día a día lo que quieres, piensas y haces. Y créeme que eso no se consigue en una sesión de sesenta minutos porque después de ese «consejo» necesitarás otro y luego otro y luego otro más. Por esta razón, el Programa no es una solución milagro, sino un proceso personal en el que aprender a quererte, a cuidar de ti y a dirigirte de forma natural hacia lo que deseas.

Me encanta darte el permiso para que vayas viendo y para que lo que vayas sintiendo día a día te acerque poco a poco al lugar que es mejor para ti.

Me parece humano, real y sin pretensiones. Porque si te dijera que existe algo para que apliques ya y salir airosa del berenjenal en el que estás, te mentiría.

Y para más inri, el otro día me fui a comer con Macarena Godoy, con la que he compartido un directo en Instagram, y con la que desvirtualicé la semana pasada (me encanta conocer a mujeres con un propósito y estilo de vida parecido al mío). Y hablando de esto, me decía: «Ya que estás en el baile, baila». Y esta frase me parece un bálsamo. El soltar esa idea mágica de que vas a poder resolver lo que te inquieta en un día.

E implica confiar en ti. En que vas a hacer lo que tengas en tu mano para llevarlo de la mejor manera posible. Y no, nadie te puede decir algo que cambie el rumbo total de lo que estás viviendo. Porque a los pocos días te vas a tener que enfrentar tú misma a ello. Y vas a tener que tirar de sentido común, de tus estrategias para afrontar las cosas y de tu gestión de la vida.

Y qué maravilloso, la verdad. Si estás en el baile, ¡baila! Porque estar en medio de un baile y estar sentada, no lo veo...

Y con esta pequeña reflexión, yo también me doy el permiso para bailar. Y para aceptar que cada capítulo de tu vida tiene su proceso. Y que la Magia Borrás no existe. Solo existe la confianza en ti para poder bailar e irte dando cuenta, mientras lo haces, del lugar hacia el que te quieres dirigir.

@programamia

A la mierda la presión social

Querida mía,

Muchos días nos escriben mujeres que necesitan saber si su historia o relación actual puede acabar bien.

Te cuento. Típico bucle obsesivo mental cuando estás viviendo una historieta con alguien y necesitas saber hacia dónde va a ir, si esa persona es o no adecuada para ti y si estás haciendo bien en seguir compartiendo tu tiempo con alguien.

Me da mucha pena la presión que nos generamos a nosotras mismas. ¿Te imaginas seguir viviendo como aquella chica de 19 años que amaba desde el corazón sin analizar tanto si eso le convenía o no?

Bueno, la verdad es que esa chica estaba más expuesta al peligro, para qué nos vamos a engañar. Realmente se pegaba buenos batacazos. Pero ¿sabes qué? Hay algo que admiro mucho de ella y es su capacidad para dejarse llevar, para darse el permiso de experimentar sin ponerse un cohete en el culo y dejar que el mismo camino le muestre cuál es el final. Pero con los años parece que queramos saber cuál es el final del camino cuando ni siquiera hemos empezado a caminar.

Y por eso me llena de felicidad que una de las sensaciones con las que salen de nuestra terapia grupal las mujeres que han pasado por el Programa sea que fluyen más, que se sienten más llenas de amor, más conectadas con su intuición y sin ese palo en el culo (hablando mal) que hace que lo quieran controlar todo, que las agarrote y que les impida ser ellas.

Y es que entre el cúmulo de desengaños y la puñetera presión social de «colocarse» en un lugar adecuado, dejamos de saborear el principio por culpa de querer saber cómo será el final.

Total, que te lo cargas. Porque de tantas ganas que tienes de saber el final, todo se queda en un principio. Porque ahogas a la vida. No la dejas brotar ni evolucionar en el camino en que tenga que hacerlo.

«Que no, que no..., que estoy perdiendo el tiempo, ¡fuera!, que los años pasan». Menuda mierda de sensación, y te lo digo con todos mis perdones. Y de tanto miedo a perder el tiempo, lo que te ocurre es que lo pierdes de verdad. Porque estás tan obsesionada con tener el final feliz que has maquinado en tu cabeza que te cargas todo lo que a priori no encaja con ese final feliz. ¿Conoces el dicho de «Vísteme despacio que tengo prisa»? Pues eso mismo.

¿Sabes la diferencia entre esa chica que vivía el momento y que era una inocente sin recursos y tu adulta encorsetada? Que sabía vivir más. Que no trazaba planes. Que su ilusión era estrenar esa cazadora y que ese chico la viera guapa aquel día. Y ni siquiera se paraba a pensar si ese chico encajaría con su familia o si era un «buen partido». Eso le daba igual.

«Ya, Sandra, pero es que yo ahora tengo unos añitos más, querida, ejem». Lo sé. Y tal vez estés pensando esto. Pero solo te digo que recuperes parte de la energía de aquella chica intuitiva, inocente, libre y que fluía.

Ahora estoy cerrando los ojos y respiro hondo mientras me acuerdo de aquella chica que fui. Y la envidio en cierta manera. Es tan mona... Y se deja ilusionar tanto por las cosas... Pone menos frenos y no planifica ni la mitad. Ojalá pudiera aprovechar esa energía de chica recién estrenada y además poderla ayudar con las herramientas de la adulta que soy ahora. Sería la bomba.

Y de eso va tu proceso de crecimiento personal, de que integres a esa chica en ti. Y que esa adulta que eres ahora, con recursos y experiencia, le dé la mano a esa chica.

Pero te prometo que a esa chica inocente y cándida que no tiene plan la necesitas más de lo que piensas. Aunque no tenga experiencia. Aunque no tenga ni pajolera idea de muchas cosas que tú sí.

Querida miniYo, quiero ser tú.
Fluir.
No planear.
Ser inocente e ilusionarme por
chorradas.
Sabes más que mi adulta
resabiada.

@programamia

¿Tienes a mano una foto tuya de hace unos años largos? Ve a por ella y obsérvala durante unos minutos. **Si pudieras rescatar algo de aquella chica inocente que fuiste en el pasado, más despreocupada, que sabía menos, que vivía más en el presente, que era más intuitiva, ¿qué sería? Todo eso sigue estando en ti, solo te hace falta encontrarlo.**

Yo que tú no perdería el tiempo

Y de repente le cuentas a alguien a quien le tienes confianza que te estás viendo con esa persona con la que compartes y te sientes bien, aunque sin perspectiva de futuro.

Y te contesta la temida frase, al menos para mí: «Qué pérdida de tiempo, ¿no?».

Entonces lo que te estaba sentando bien de esa historia que te nutre en el presente, pero sin perspectiva de futuro, de repente te sienta mal.

Y te notas ansiosa.

Joder. Quieres permitirte el lujo de disfrutar del momento. ¿Qué hay de malo en eso? De hecho, todos quieren lograrlo. Aunque no todos lo consiguen.

Pero parece que ese comentario te activa una voz interna exigente y machacona que te recuerda que no puedes permitirte el lujo de perder el tiempo.

Como si tu *leitmotiv* fuera lograr algo. A futuro.

Pero ¿qué co...? Dicen que la felicidad es algo que se siente ahora.

Te encantaría ir a una tienda y comprar años de vida. Tal vez comprarías cinco o seis. Porque sientes que lo que te pide la sociedad es diferente a lo que te nace o estás construyendo hoy. Aunque tal vez ocurra en esos cinco años que deseas comprar, pero que no venden. O tal vez no. Quién sabe.

Y te preguntas: ¿perder el tiempo para qué?

¿Para ser feliz?

¿O para conseguir aquello que te han dicho que te va a hacer feliz?

Y entonces decides hacer lo que te plazca. Porque el tiempo no se pierde nunca cuando estás viviendo lo que ahora necesitas.

Y porque cuando haces algo que no sientes, entonces no es que pierdas el tiempo, lo que pierdes es tu vida.

CÓMO NO SENTIRTE JUZGADA POR «SEGUIR» SOLTERA

Lo que sientes es tuyo, no de quien «te lo provoca»

Querida mía,

Últimamente tengo la necesidad de aclarar algo que creo que se confunde bastante en redes y que trabajamos a fondo en nuestros grupos de mujeres en el Programa: el tema de la sinceridad. Yo misma me he pasado media vida creyendo que la mujer empoderada y adulta es una mujer sincera y que se atreve a ser quien es delante de quien sea. Es algo así como el mar, que no va a cambiar su ritmo, oleaje y temperatura porque a ti te apetezca bañarte plácidamente. El mar tiene una personalidad de la leche y, aunque tú quieras broncearte tranquilamente en la orilla, si al mar le apetece dejarse llevar por una tempestad, lo hará. Y te tocará irte con tu toallita a otra parte.

Pues más o menos era eso lo que yo entendía hace un tiempo por una mujer segura de sí misma. Pensaba que era una mujer que expresa cómo se siente y qué le inquieta o le deja de inquietar delante de cualquier persona. Y muy especialmente delante de ese hombre al que está conociendo, con el que tiene la relación del tipo que sea.

El caso es que me he dado cuenta, y me apetecía compartirlo contigo, de que durante años he usado la sinceridad para sentirme aliviada vomitándole al otro cómo me he sentido. Te cuento.

¿Cuántas veces has tenido dudas sobre alguien y, sin más, se las has manifestado, porque en teoría hay que ser honesta? La cosa es que muchisisisimas veces, cuando somos honestas y hablamos sin tapujos, lo hacemos para sentir alivio, para que la culpa se disipe o para quitarnos un peso de encima y lavarnos las manos tipo «Quien avisa no es traidor».

Te cuento todo esto porque de un tiempo a esta parte, me estoy preguntando siempre antes de expresarle a alguien algo el para qué. O sea, ¿para qué se lo voy a expresar?

Y me pregunto si es para que esa persona me haga sentir mejor y me libere del peso que me genera tener ese «secreto» o para realmente llegar a un acuerdo o para poder establecer una manera conjunta de funcionar.

Te soy sincera, este tema es rebuscadete. Ya lo habrás notado. Pero quiero que sepas que ser sincera no es cascarle al otro a diestro y siniestro cómo te sientes por dentro sin más. Porque en ese «vaciar», muchas veces buscamos usar al otro para sentirnos mejor porque en realidad no sabemos qué hacer con eso que sentimos. Y esa conducta la considero muy adolescente. Y simplemente te cuento esto porque deseo que te comuniques con responsabilidad, habiéndote dado un tiempo para dejar reposar eso que sientes, poderlo comprender y saber bien qué necesitas comunicarle al otro.

Y si necesitas «vomitar», puedes usar tu diario o mandarte un audio a ti misma, o incluso puede que hablar y sincerarte con otra persona de tu entorno te ayude.

¿Sabes? La gran diferencia que noto en mí desde que era adolescente hasta ahora que ya soy una mujer es la capacidad de mantener dentro de mí mis cosas. ¿Sabes la típica escena de cuando eres adolescente y casi en la misma cita le estás retransmitiendo a tu amiga todo lo que está ocurriendo y cómo te estás sintiendo? Pues eso. Seguro que tú también has tenido la necesidad imperiosa de hacerlo. Y eso, en parte, nace de la inseguridad propia del adolescente, que necesita estar acompañado en todo momento en cualquier decisión que toma.

Pero cuando eres una mujer y confías en ti, sientes que tus emociones y reflexiones están a buen recaudo y que dentro de ti están a salvo. Y me parece superbonito. Incluso me parece bonito que te des tiempo para darle forma a aquello que sientes, que lo revises a solas contigo, que puedas digerirlo, comprenderlo tú y, luego, poder hacer algo con ello.

Ya sea hablar con ese alguien cuando tienes un para qué más allá de vaciar a través del otro algo que quizá tú misma no sabes dónde meter.

Y de eso va ser adulta y el trabajo personal que hacéis cada una de las mujeres que decidís embarcaros en nuestro programa grupal. De darse tiempo. De macerar tus sentimientos, pensamientos y emociones. De sentir que contigo estás a salvo. Y de hacerte responsable de lo que sientes. Porque si lo sientes tú, eso es tuyo. Aunque el detonante de sentirte así lo haya podido provocar otra persona. Y aunque así sea, querida mía, esa persona no es quien lo debe resolver, sino tú. Porque tú eres quien lo siente. Y porque tú eres la responsable de hacer algo con eso. Quizá bailando. Quizá golpeando un cojín. O quizá, definitivamente, hablando con esa persona.

Lo que guardes para ti te prometo que también está a buen recaudo.

@programamia

«Necesito hablar con él»
Y como él no quiso, se
dio cuenta de que podía
resolverlo sin él.
Aunque de él se tratara.

@programamia

Ser sincera no implica contárselo todo

Mia había leído mucho sobre relaciones. Se había dado mucha cuenta de que permanecer tan pasiva frente a los hombres no le permitía ser ella y que desde ahí no le saldría bien.

Así que decidió ser ella. Hablar sin tapujos y expresar cómo se sentía en cada momento, qué la bloqueaba y con qué heridas la conectaba.

De tal manera que a las tres semanas de conocer a Marco, le soltaba perlas como esta:

👤 «Pablo, sé que mis reacciones son desproporcionadas, pero me conecta con una herida bastante grande de abandono. Por eso, cuando no hablamos cada día me afecta tanto. Ojalá lo pudiera controlar, pero pfffff, es que no puedo evitarlo».

👤 «Prefiero serle sincera, la verdad. Ya me he cansado de hacer ver que todo está bien. Si le asusta que tenga mis inseguridades, pues oye mira, esto es lo que hay».

👤 «Y esto ocurre cuando se confunde ser honesta y congruente con contarlo todo y aliviar tu malestar a través del otro».

Ser honesta implica actuar en consonancia a como te estás sintiendo.

¿Qué va a hacer Pablo con tu herida de abandono tras tres semanas de flirteo? Probablemente nada. Lo que sí que puede es comprender qué necesitas tú en ese momento. Y quizá es tener una continuidad y una relación más estrecha y fluida. Y eso estaría genial que se lo pudieras decir si así lo sientes.

👤 «¿Estás diciéndome que no le puedo contar mis traumas?».

👤 «Te estoy diciendo que antes de hacerlo te preguntes el para qué se lo cuentas. Si es para que empatice y haga lo que necesitas, para sacarlo todo y sentirte mejor, para que te ayude en ese proceso, para que se sienta responsable de eso y actúe sobre la base de lo que tú necesitas... ¿Para qué?».

¿Sabes la de veces que he soltado todo lo que sentía como si de mi corazón a mi boca hubiera un tobogán?

Y eso nacía de mi falta de habilidad para hacerme cargo de mis asuntos y para decirle al otro, sin darme cuenta: «Sálvame y hazte cargo de mí y de lo mal que me siento porque yo no tengo ni pajolera idea de cómo hacerlo. Ya que tú me lo has provocado, te necesito para desahogarme».

Y aunque para ti esas heridas sean importantes, tu querido Pablo tiene las suyas. Y si te las derrama por encima sin filtro, tú tampoco tendrás por qué hacerle de mamá pollo.

Fin.

TEST GRATUITO

Dime cómo amas y descubre cómo eres con nuestro test gratuito. Averigua cuál es tu manera de vincularte en pareja, qué dice eso de ti; conoce el perfil por el que tenderás desde ese rol que sueles ocupar y lo que necesitas para sentirte mejor contigo misma y en las relaciones que construyas.

Cuando tu ex cae del árbol y te propone quedar

@programamia

Querida mía,

¿Algún ex tuyo ha caído del árbol justo cuando menos lo esperabas?

Te hablo en cristiano. Cuando digo «caer del árbol» es lo mismo que decir que justo en el momento en que ni te acuerdas de él, paaaaam, aparece.

Y mira que has deseado e imaginado tantas veces esa situación... Pero la vida es así, precisamente en el momento en que te da igual que esa persona aparezca o no, es cuando ocurre.

Hace unos años, recuerdo que le preguntaba a mi querida amiga Carla «¿Crees que va a volver a aparecer?». La verdad que me encantaba preguntarle a alguna amiga cercana sobre lo que iba a pasar en un futuro inmediato. Como si ellas tuvieran una bola de cristal que me permitiera vivir esperanzada confiando en que el rumbo de las cosas iba a cambiar.

Pero la respuesta de Carla era «Volverá cuando te dé igual que vuelva».

Y aunque no sea psicóloga, Carla tenía razón.

Cuando tu ex cae del árbol, hay algo que puede que se te encienda. Y es cierto, en tu día a día ya no pensabas constantemente en él y ya no tenías la necesidad de que hubiera una segunda parte.

Pero no eres de hierro y hay algo que se te remueve en el corazoncito.

Entonces esa persona te pregunta cómo estás y te propone quedar. Obviamente en el pasado acceder hubiera sido mucho más arriesgado. Básicamente porque tenías a flor de piel esos sentimientos y el dolor que en su día experimentaste. Pero, ojo porque a veces te crees que el tiempo te ha permitido recuperar tu poder y, de repente, cuando esa persona cae del árbol, volver a verla y a experimentar ciertas cosas, puede hacer que tu corazón se vuelva a reblandecer y tengas la sensación de que, una vez más, te ha vuelto a hacer daño.

Pero hoy vengo con una reflexión para ti. Por lo menos es una reflexión que yo he hecho y que me encantaría compartirla.

¿Sabes? A veces nos quedamos encalladas con esa persona o con esa relación. Y nos metemos tanto en la cabeza ese «no es para mí», «no voy a reabrir jamás nada», «no voy a acercarme ni 0»… Que llega un momento en que tú misma te crees que esa persona y esa relación están por encima de ti. Como si te siguieras identificando con tu Yo del pasado hundido por el dolor de aquel entonces.

Pero ¿sabes qué? Quizá han pasado meses o casi años. Y prohibirte tanto tantísimo el volver a tener contacto es seguir convenciéndote de que tú eres tu Yo del pasado. Pero te tengo que recordar que tras esa ruptura has hecho un duelo, han pasado cosas, has experimentado, has pensado, has madurado… Y no tengo ni idea de cuáles son tus sentimientos. Pero lo que sí te digo es que no hay nada más atrayente que prohibirte algo. ¿Y qué pasa si por lo que sea sientes que te gustaría verlo? Quizá darte el permiso para afrontar esa situación te permita el lujo de poder dejarte sentir de nuevo lo que se te despierta junto a él. Incluso es darte la oportunidad de experimentar si todavía sigues idealizándolo, si te gusta, si te atrae, si lo que dice y hace te hace sentir bien o mal. En definitiva, es darte permiso para vivir y darte cuenta de cómo te sienta AHORA eso que en el pasado te sentaba de otra forma. Porque tú eres una mujer en constante evolución. Y creerte por sistema que eres tu Yo del pasado no siempre es bueno. Porque ahora eres tu Yo del presente. Y ni siquiera conoces cómo se puede sentir esa Yo del presente. Pero ya estás prohibiéndola e hiperprotegiéndola. Como si fuera una pobre alma candida que no va a saber afrontar la vida.

¿Te imaginas que quedas con él y te das cuenta de que ya no es lo que necesitas? ¿Te imaginas que al verlo te da una punzada el estómago porque sigues vislumbrando en él el mismo nivel de inmadurez? o ¿te imaginas que vuelves a sentirte vulnerable y forzada y a la espera de un mensajito?

Pues eso, todo eso, es información privilegiada para ti. Y eso también lo necesitas para acabar de llegar a nuevas conclusiones. Para darte cuenta de en qué punto estás tú ahora, de qué sientes, de qué quieres, de qué necesitas y de si eso vuelve a ser un NO porque no te conviene o simplemente porque no te atrae y porque ahora, desde tu Yo del presente, no vas a decidir meterte de nuevo ahí porque no quieres eso para ti.

Pues ¿sabes qué? Olé tú. Olé tú por atreverte a vivir. Por ponerte a prueba y darte permiso para experimentar porque confías en ti. En que tanto si sientas A como B, podrás gestionarlo. Y justo cuando pasa eso, te das cuenta de que ahora ya eres otra. Y que quizá esa quedada ha dolido. Pero a la vez te ha ayudado a no quedarte con el «¿Y si...?». O tal vez volváis a estar juntos. O tal vez solo de leer su mensaje sientas que tu Yo del presente es lo último que quiere.

Aiiiiishhhhh, y qué necesario ha sido poder volver a experimentar y darte cuenta de lo que sientes. Quizás eso te permita incluso dar un paso más hacia esa mujer que evoluciona cada día.

Confía en tu Yo del presente. Te prometo que es sabio.

—¿Otra vez vuelve a aparecer?
—Y las que haga falta hasta
que te des cuenta de lo que
realmente quieres para ti.
La vida está haciendo pruebas.

@programamia

Te marean si lo permites

El perro del Hortelano da mucho por saco, la verdad.

Y justo en el momento en que sueles estar más campante, pummm, aparición estelar.

Y deseas que te deje de martirizar así para poder avanzar y seguir con tu vida.

👧 «¡Es que no me deja!».

Pero la realidad, Mia, es que la que no te dejas eres tú.

👧 «¿Y qué quieres que haga? ¿Qué le bloquee? Lo veo muy exagerado».

Quizá puedas empezar diciéndole cómo te hace sentir cada vez que vuelve a caer del árbol con ninguna otra finalidad que distraerte de este maravilloso camino llamado vida.

👧 «Sí, mira, y se pensará que estoy obsesionada por él».

¿Sabes qué? Lo que piense él, de verdad te lo digo, da igual. Es más, es un tema suyo. Y el tema que hoy te concierne a ti es hacer algo con esa molesta sensación de que alguien te esté impidiendo seguir.

👧 «Tampoco quiero que haya mal rollo ahora, la verdad».

Y este es otro de los ejemplos varios que tenemos para ponernos trampas mentales y engañarnos.

Y quizá debería preguntarte antes: ¿cuál es tu prioridad número 1 ahora mismo?:

A. Preservar tu estatus de tía que no está pillada por él, que es feliz y que es sana mentalmente.

B. Conservar vuestro aparente buen rollo por si lo vuestro puede acabar en una bonita amistad (aunque no sea lo que quieres).

C. Tú, tu bienestar y tu calma interior.

Si es la A, hacer ver que todo está bien es agotador, aunque es posible. En ese caso, responde amablemente y autorízale a que vuelva a aparecer.

Si es la B, opta por lo que te aconsejo en el punto anterior.

Si es la C, haz aquello que implique protegerte a ti. Porque te prometo que si tú no te cuidas, el otro tampoco lo hará. Porque él no necesita distancia, sino seguir manteniéndote allí, justo lo contrario de lo que tú quieres para sentirte en paz.

Firmado: Don golpecito de realidad.

Si lo que has leído te resuena, responde:

¿Qué necesitas ahora para sentirte en calma y en paz?

¿Qué puedes hacer hoy (tú) que esté en tu mano para darte eso que necesitas?

....

....

....

....

....

....

....

....

....

  **CÓMO LIDIAR CON EL PERRO DEL HORTELANO.**

@programamia

Pásate de guapa y atrévete a que hablen de ti

Querida mía,

El otro día empecé a investigar sobre asesoras de imagen en Instagram. Me encanta saber que este servicio se ha democratizado y ya no es solo para supercelebridades. ¿El porqué? No porque no me guste mi estilo ni sepa cómo vestirme. La verdad es que siento que tengo un estilo definido y me encanta crear conjuntos de ropa y sentirme guapa. El caso es que últimamente sentía que estaba muy encasillada en el negro. De hecho, eché una ojeada a mis últimos ocho vídeos de YouTube, y ¡solo iba de negro!

Admiro a esas mujeres que se atreven a llevar colores y los combinan bien. Pero mi armario se compone básicamente de gris, negro, blanco, crema, gris, negro, blanco, crema... Si me sigues por redes, te darás cuenta de que más o menos ese es el repertorio.

Pues bien, tras hacerme un estudio de color de mi pelo, cara y ojos, la mujer que me atendió me dijo: «El negro no es tu color, Sandra. ¿Por qué lo llevas tanto?».

Y a partir de ahí empecé a reflexionar sobre por qué iba siempre de negro. Pues porque es un acierto seguro, porque no te la juegas, porque no destacas, porque quedas bien sin dar el cante, porque queda más o menos elegante, porque es neutro...

¿Hace falta que siga? Básicamente te intento decir que a partir de esa simple pregunta, empecé a darme cuenta de mi dificultad para destacar. Quizá estés pensando que si salgo en pantalla a menudo, eso no es síntoma de una mujer a la que no le gusta destacar. Pues sí. Toda mi vida he estado pretendiendo mostrarme en la justa medida. O sea, ni más, ni menos.

Es como si nunca me permitiera ni pasarme de mal ni tampoco de bien. Si estás suscrita a mis cartas inspiradoras semanales, sabrás que de este tema ya te he hablado. Y hoy te lo vuelvo a traer porque después de saber cuál es la paleta de colores que más me favorece, me vuelvo a dar cuenta de lo adecuada que he sido y soy.

¿Y sabes qué pasa cuando no te la juegas? Que no hay nadie que quede horrorizado. Está claro que llevar una americana verde con una camisa en tonos melocotón triplica el riesgo, ¿o no? Eso sí, todas las miradas se van a dirigir hacia ti. Incluso habrá gente que te diga que le encanta tu look, que estás espléndida. Quizá otros te critiquen a las espaldas y digan que estás dando el cante. Pero sea como sea, darás de qué hablar. Y yo me pregunto: ¿y qué pasa si doy de qué hablar? ¿Y qué pasa si me paso de la raya? ¿Y qué pasa si me paso de guapa?

Pues de eso va mi mensaje hoy. De que te pases de la raya. Porque inseguridad y falta de amor hacia una misma no solo es temer ir fea, sino también temer ir guapa, sobresalir o brillar.

Y más en tiempos pandémicos, ponte aquella chaqueta frambuesa que te queda bien. O esos tacones. «Ya, pero es que para ir del trabajo a casa y de casa al trabajo...». Da igual donde vayas. Porque tú siempre vas contigo. Y esos zapatos, ese collar grandote o esa chaqueta te harán sentir especial, bonita, diferente. ¿Te parece poca la función que hacen?

Para que luego digan que la imagen es algo superficial. No me cabe duda de que verte bonita, arreglarte con ilusión y mimo y salir de tu casa sintiéndote bella, cambia tu día. Aunque lo de fuera no sea suficiente.

Un besazo, preciosa, espero poder enseñarte más colores en mis próximos vídeos y que tú también te atrevas.

Por ti y por todas aquellas mujeres que si se permitieran brillar, deslumbrarían el planeta.

(Pendientes dorados, taconazos, pitillos ajustados, body verde sedoso).

—¿Voy demasiado?

—Sí, vas demasiado. Y me encantas.

Maldito miedo a resaltar

Dime una cosa, ¿cuántas veces has sentido vergüenza cuando te han halagado por algo?

Recibes el típico comentario de «Estás guapísima hoy» y tú, en lugar de decir un simple «Gracias» y recibir el amor que hay en ese comentario, parece que te justifiques. Y mientras lo haces, sientes por milésimas de segundo cómo tu cuerpo se va encogiendo.

Y lo mismo ocurre cuando alguien reconoce algo valioso que has logrado. Sí, hay una parte dentro de ti que se enorgullece, pero la otra está preparada para minimizar tu logro. Por eso te sale un «He tenido mucha suerte, la verdad» en lugar de un «Me siento orgullosa de mí y de lo que estoy creando».

Recuerdo tantas veces en las que no me he permitido destacar...

Cuántas veces he dejado de arreglarme lo que me apetecía por miedo a resultar demasiado o a que los demás no fueran tan arreglados y hacer el ridículo.

Y para asegurarme el tiro, además preguntaba a mis amigas cómo iban a ir. La verdad, ahora sé que lo hacía para no dar el cante. Y no me refiero en sentido negativo. Quizá sabía que ese vestido y tacones que casi nunca me ponía eran preciosos, pero no quería llamar la atención. Y en este caso era para bien. Resultar demasiado guapa no entraba dentro de mis planes. Pero sí ir «mona», sin más.

Y me pregunto: ¿qué habría pasado si me hubiera permitido darme ese capricho y vestirme como yo quería y correr el riesgo de verme preciosa? Probablemente lo hubiera vivido con vergüenza. Te diré más, incluso hubiera temido ser el foco de comentarios negativos, de envidias o de juicios. Algo así como:

 «Pero ¿esta qué se cree? ¿Que va de boda?».

Quizá ese juicio no se hubiera dado. O quizá sí.

El caso es que para evitar ser vista, me escondía. Y la manera de hacerlo era no permitiéndome brillar.

Así, no brillas, pero tampoco eres un foco de juicio, ¿no?

Y así, poco a poco y sin darte cuenta, dejas un poquito cada día de ser tú. De darte protagonismo. De darte luz.

Y Con tal de resultar adecuada y de permanecer en la justa medida, ni muy malo ni muy bueno, no brillas. Porque no estás siendo tú.

Y para no despertar envidias ni generar malestar en otros que luego puedan causarte daño, tú vas desapareciendo poco a poco.

NUESTRO CANAL DE YOUTUBE

Ahora que te he abierto parte de mi mundo y que ya nos conocemos más, me gustaría que me vieras en acción. Aquí te dejo nuestro canal de YouTube para que te suscribas y te empapes de todos los recursos que con todo mi entusiasmo te comparto.

@programamia

Cuando tu estilo de vida es ir de culo

Querida mía,

Hoy me siento estresada. Y me encanta lo que hago y mi día a día. Pero a veces siento que cuando estoy haciendo algo, estoy pensando en lo siguiente que tengo que hacer. Y desde ese lugar no me salen las cosas tan bien.

Ha sido una semana superbonita, tenemos mil proyectos en Programa Mia y eso me hace sentir superagradecida. Jamás imaginé crear algo tan bonito, de verdad. Que miles de mujeres se estén nutriendo de nuestro contenido gratuito y que cientos de ellas hayan decidido adentrarse en nuestra terapia grupal para experimentar un cambio para siempre es flipante.

Aunque detecto en mí una creencia superarraigada: «Si no vas de culo, las cosas no salen». O lo que es lo mismo: «Si me relajo, no va a ir bien». ¿De dónde co... saqué esas afirmaciones?

Y así es como siento que me he ido haciendo una pequeña adicta a tenerlo todo atado, a llegar a todo, a hacerlo no bien, sino excelente. Y eso pasa factura. Te agota. Me agota. Te mentiría si te dijera que mi estilo de vida ideal sería estar en una isla desierta todo el santo día estirada tomando el sol. Eso me haría feliz durante unos días (cortos), pero mi ADN es el de una persona enérgica, inquieta, activa. Pero de ahí a sobresaturarme, ¡OJO!

Estos días me parecía hasta una faena responder a esos wasaps que se te van acumulando y no contestas. Y los audios interminables ni te cuento. No sé si tienes amistades que te hagan los llamados «audio-pódcast» de ocho minutos... En fin, que te escribo esto porque me doy cuenta de que a veces, tomo por costumbre ir apresurada, resolviendo cosas mientras camino, o preocupándome en exceso de algo que si no sale como yo espero, no se acabaría el mundo (aunque en ese momento sí me lo parezca).

Y ¿sabes qué? Me encanta cómo me salen las cosas en esos días en los que fluyo, en los que me relajo y me centro solo en lo que estoy haciendo en ese momento. Esos días en que soy capaz de frenarme a mí misma y pararme cuando pretendo no responder emails mientras voy en transporte público o no coger esa llamada de teléfono mientras voy corriendo para que no se me escape el ferrocarril y, a la vez, sujeto a Dana con una mano mientras llevo la mochila rebotando en mi espalda. Me encanta hacer ese acto de amor por mí y decirme: «Sandra, ya está bien. No te mereces ir así».

Y entonces es cuando solo hago una cosa a la vez. Y entonces es cuando no miro el móvil y me permito contemplar a las personas por la calle o en el ferrocarril. Entonces, en esos momentos, me doy cuenta de lo que siento, y de lo que le pasa a mi cuerpo. Incluso me vienen ideas a la cabeza que de otra manera no me vendrían. Porque cuando respiro y me relajo, conecto con mi intuición y mi creatividad. Con mi sabiduría interior. Soy más amable porque me siento mejor conmigo.

Y cuando me relaciono con alguien, me caigo bien. Te parecerá algo raro quizá, pero hay veces que no me caigo bien. Y eso ocurre cuando no me estoy cuidando ni dando lo que necesito. Y, emocionalmente, al sentirme sobresaturada, proyecto en otros ese estrés que necesito expulsar por algún lado. Esa soy yo también. Y realmente no solo quiero caerme bien para caerles bien a los demás, sino para sentirme bien conmigo.

Me merezco ir más tranquila por la vida. Dejar que el ferrocarril se me escape y llegar seis minutos tarde. Me merezco escuchar el audio-pódcast de mi querida amiga (a la que adoro) cuando esté disponible para ella y cuando sienta que es un buen momento. Y también me merezco dejar espacio sin nada que hacer. Porque desde ese estado de relajación y de conexión conmigo, me siento cuidada y respetada. Y cuando yo misma hago eso posible, fluyo. Y me siento mejor. ¿Hay un acto de amor más bonito que este?

Querida niña, no has venido a este mundo para hacerlo todo perfecto y producir. Has venido para vivir y disfrutar. Y no es cierto que solo yendo de culete vas a hacerlo bien. De hecho, mi pequeña, a veces lo harás peor yendo tan a tope. Porque esa parte tan natural y espontánea que habita en ti no tendrá espacio para salir. Y yo no me la quiero perder.

No quieres ser una crack, quieres ser feliz

«Eres una crack».

¿Te gusta esta frase?

A mí sí. Y con toda mi modestia te digo que me la han dicho alguna que otra vez.

Y cuando me la han dicho, era porque me admiraban, porque les resultaba una tía interesante o porque me veían bien. O sea, es un piropazo.

Pero llega un momento en que no te sirve «ser una crack». Porque te das cuenta de toda la cantidad de energía que gastas por el camino para:

— Ser exitosa.

— Para que las cosas te salgan bien.

— Para lograr lo que deseas.

— Y para que te vean.

Y eso, no te hace sentir bien.

¿Sabes? Muchas de las mujeres que entran a nuestro programa grupal se definen como mujeres exitosas de cara a la tarea. Me explico mejor, que me sale mi ramalazo de psicóloga. Son mujeres probablemente admiradas, que desde fuera sienten que dan el pego. De hecho, muchos de los que las rodean, no se imaginarían su mundo interior, sus inseguridades o pensamientos en bucle.

@programamia

Tal vez esa mujer también seas tú. Lo he sido yo y a veces asoma por detrás de mí. Y que los demás te vean supercapaz y competente. Incluso una tía de 10.

Pero eso no es lo que quieres. De hecho, ser una crack puede que sea la manera en la que aprendiste un día a sentirte bien contigo misma, a sentir que eres capaz, a que los demás te vean con buenos ojos y así poderte sentir valiosa.

Pero imagínate que ese día en que aprendiste a ser una crack para sentirte valiosa, hubieras entendido que eras valiosa aun sin mover un dedo.

Aunque en el trabajo no te vaya bien, aunque tu aspecto físico esté desaliñado e incluso aunque no vivas en ese apartamento tan mono y bien decorado.

¿Te lo puedes imaginar?

Que de repente, sabiendo eso, sueltes ese empeño por ser una crack. Porque tú no quieres ser ninguna crack, tú lo que quieres es sentirte bonita, valiosa e importante. Pero no se te ocurren otros métodos para sentirte así que no sea dejándote la piel.

Y de repente tu niña te pregunta: «¿Por qué lo tenemos que hacer todo tan bien? Yo prefiero estar contigo esta tarde viendo pelis».

Y tú no puedes evitar contestar:

👩 «Así es la vida de los adultos. Hay que luchar».

Pero no, no es verdad.

Este ejercicio viene inspirado de una de mis conversaciones con mi acupuntor, Carlos Alsina, y a mí me ha venido fenomenal.

Audita un día normal de tu vida. Haz un repaso a las costumbres y maneras que tienes de enfrentarte a tu rutina diaria y escribe aquello que tal vez hagas en piloto automático que te provoca ansiedad, te estresa, te resta energía y que puedes desde ya de ya cambiarlo. Enumera una a una cada pequeña costumbre que ya no te aporta ni te ayuda a sentirte bien contigo.

....

....

....

....

....

....

....

....

....

....

....

....

Ahora, escoge un par de ellas y comprométete esta semana a desecharlas de tu día a día. Elige aquellas que sientas que son más fáciles de empezar a eliminar. Y, simplemente, observa cómo te sientes soltándolas.

Recuerda, tu vida es una empresa y tú eres la máxima responsable y la que decide cómo llevarla.

@programamia

Deja de hablar mal de ti, que al final te vas a creer lo que dices

Querida mía,

Es curioso. Te pasas media vida diciendo que eres intensa, hipersensible y complicada y justo cuando otra persona pone en su boca aquellas palabras que tanto has repetido, te ofendes.

Ya lo sé, una cosa es decírtelo a ti misma y otra que te lo diga otro. Es como si no tuviera el derecho. A mí me pasa esto cuando alguien habla mal de mi familia. Una cosa es que yo diga algo puntual que no me gusta de ellos, pero que otra persona ponga en su boca algo que yo he dicho, ni hablar.

En fin, hoy te vengo a hablar de cuando te quejas porque los demás tienen una imagen de ti distorsionada. No te negaré que la moraleja de esta carta viene inspirada por una querida amiga mía. Un día íbamos paseando y me hizo reflexionar. Te cuento un poco más... Ella suele quejarse de que su grupo de amigos de toda la vida la consideran algo dramática y que se complica la vida muchísimo, más de lo que debería. Mi amiga, obviamente, se siente muy complicada al lado de ellos. Sus frases célebres son: «Con lo que me complico yo la vida...», «Ya sabes que yo soy una intensa de la vida...».

Y sí, te las va soltando con ese punto irónico o de humor. Pero la verdad es que las personas que la rodean se van empapando de esos mensajes que ella misma se dice. Y lo peor..., ¡está hasta el moño de que sus amigos la vean así!

Y yo me pregunto: ¿qué manía tenemos de hablar descalificándonos a nosotras mismas? Y, encima, luego nos repatea que los demás nos tachen de lo mismo que nosotras nos tachamos. ¿Te suena?

¿Sabes qué? A veces necesitas cambiar algo de ambiente para darte cuenta de que quizá no es que tú seas la más intensa del barrio, sino que ellos están muy poco en contacto con sus emociones. Y con esto te quiero decir que todo depende de con qué lo compares.

Yo también era intensa, profunda, muy emocional y sensible. Hasta que abrí horizontes y me di cuenta de que no era tan rara. Solo que no hablaba el mismo idioma que las personas que en aquel momento más frecuentaban mi día a día.

Y ¿sabes qué? Esta mañana me he sorprendido a mí misma diciéndome «tocacojones» y «tiquismiquis» y adjetivos del estilo por querer que algo que estoy preparando en Programa Mia salga de la manera que yo quiero. Y no me gusta hablar así de mí.

Supongo que esa es mi manera de justificarme delante de los demás y que no piensen: «Qué pesada que es...». Ya sabes, si te criticas tú antes, los demás no lo harán, ¿no? Pero este método no es para ti, mujer maravillosa. Ni para mí.

La verdad es que no necesito justificarme delante de nadie. Y si lo hago es porque temo no gustar, porque si no es así, ¿para qué justificarme?

Imagínate haberme dicho que hubiese cambiado el chip esta mañana y que hubiese hecho otro discurso: que me gusta cuidar los detalles, hacer las cosas bien, sentirme satisfecha y que las mujeres que entran en nuestra terapia grupal de 16 semanas se sientan felices e ilusionadas. Guauuu, qué diferencia. Y estoy hablando de mí igualmente.

Pues esta reflexión va para ti. Para que te detengas cada vez que hables de ti con desdén, descalificándote o atribuyéndote adjetivos que te restan.

Ojalá esta pequeña carta te ayude. Y ojalá hables de ti como hablarías de tu más mejor amiga del mundo. Porque tú eres tú, pero sobre todo eres lo que crees de ti.

¿Qué sueles decir de ti que te descalifique?

....

....

....

....

Te aseguro que no resuena igual en ti ni en los demás decir que «Soy una dramática» que «Soy una persona muy emotiva».

¿Se te ocurren otras maneras más amorosas de describir ese rasgo al que en la anterior pregunta le dabas una connotación negativa?

....

....

....

....

....

....

....

«Qué intensita, hija...».
Le dijo un listón de madera a
un riachuelo de agua.
Y para él era verdad, nunca se
había sentido como ella.

Cuando te va lo intenso irremediablemente

Querida mía,

Me estoy leyendo el libro *Sanando las relaciones de pareja*, de Pablo Flores, y ¡me encanta!

Sinceramente, no tengo ni idea de astrología, pero ¿sabes lo que es leer este libro y sentir que lo he escrito yo? O sea, el autor usa el mismo prisma desde el que yo te hablo en muchas ocasiones. Telepático.

¿Y por qué te cuento esto?

Porque hoy me apetece mucho hablarte sobre aquella intensidad a la que a veces nos enganchamos. Y seguramente en algún momento de tu vida desearías que te gustara lo llano y estable. Pero no sabes el porqué, no suele ocurrirte.

Pues hoy te traigo una reflexión. Al menos a mí me ayuda. Y te la traigo porque muchas veces me he «obligado» a que aquella relación plana me llenara. Y, ojo, cuando digo «plana» no quiere decir que fuera mala. Simplemente que por mi forma de ser y de sentir, he necesitado más recovecos.

Y cuando de repente le cuentas a alguien que con esa persona, que a priori te conviene, no sientes lo que deberías de sentir, te tienes que tragar el típico:

«Ya no tenemos 15 años, eh. Y ese enamoramiento loco de adolescente no lo vas a experimentar. El amor es calma y sosiego. Al menos el amor sano y adulto».

Entonces tú te culpas porque sientes que hay algo inadecuado en tu forma de amar. O sea, que si das rienda suelta a lo que de verdad te mueve, el desenlace es que tu vida va a ser una catástrofe. Y, claro, desde esta perspectiva, ¿cómo no te vas a obligar a que esa persona te encaje? «Pero si es guapo, inteligente, cariñoso, te trata bien…, ¿qué más quieres?».

Y gracias a Dios que me he mirado hacia dentro y llevo años intentando conocerme cada vez más para poderme dar lo que necesito. Y gracias a eso he aprendido a no machacarme cuando aquello que en teoría tendría que ser una balsa de aceite no me mueve desde dentro.

Y eso no quiere decir que tus relaciones se vayan a teñir de violencia, maltrato y desesperación hasta querer arrancarte los pelos. Nada de eso. (O tal vez sí).

Pero lo que pretendo decirte es que el hecho de que la balsa de aceite no te mueva, no quiere decir que vayas a ser una desgraciada toda tu vida.

Y quería darle voz a esto. Tenía muchas ganas, ¡muchas!

¿Sabes cuánta gente se queda con alguien que no le mueve solo porque a priori le conviene? Y se dice para sus adentros: «Es que el amor adulto no es el amor adolescente. Simplemente estás bien y ya está».

Pero no, querida, estar solo «bien» no es suficiente. Y muchas veces nos quedamos ahí porque estamos literalmente acojonadas de meternos de nuevo en aquello que nos movió, pero que tanto nos dolió.

¿Y si te digo que algo te puede mover y tener recovecos, pero a la vez hacerte crecer y nutrirte?

¿Y si te digo que eso existe?

¿Y si te digo que desear que alguien te mueva es quererte, al igual que lo es soltar aquello que no te mueve porque sientes que mereces algo mejor?

Pues sí. Esa es mi verdad. Si te nutre y te inspira, te la «regalo».

Un abrazo, preciosa.

Esto va por ti y por tus ganas de vivir y de sentir cosas bonitas que te llenen. Y eso es precioso.

 EL PORQUÉ TE ENGANCHAS A LO INTENSO.

«Me trata de maravilla».
Y como nunca antes le había
pasado, pensó que eso era vivir
a lo grande.
Aunque no le amara.

Vivir como una espectadora de tu vida

Querida mía,

¿Cuántas veces has querido saber lo que te iba a ocurrir en un futuro próximo? Yo muchas. De hecho, alguna vez he ido a que me tiren las cartas, tengo que reconocerlo. A pesar de la mala fama que tiene este tema predictivo en mi gremio, el de la Psicología. Si me escuchara alguna compi de profesión le daría algo.

Y tengo que decirte que en aquellos momentos en que quería saber lo que iba a ocurrir en mi vida, era cuando estaba experimentando mayor malestar. Es como si ese punto ansioso se apoderara de mí y, obviamente, el señor Control gobernara mis días.

Cuando queremos saber qué nos depara la vida es cuando queremos aferrarnos a esa pseudoilusión de que al saberlo, estaremos a salvo. Pero ¿qué gracia tendría la vida si tú ya supieras cómo va a acabar?

¿Has visto la película *Atrapado en el tiempo* (*Groundhog Day*, 1993)? Va de un hombre que cada día de su vida vive el mismo día de forma repetida. Y ¿sabes qué le ocurre al protagonista de la peli? Que acaba hasta el moño. Porque la vida es estimulante precisamente porque no sabes qué va a ocurrir. Ya lo decía Forrest Gump: «La vida es como una caja de bombones, nunca sabes lo que te va a tocar».

Y el problema es que eso no lo aceptamos. A ratos, yo tampoco, si te soy sincera.

El otro día, mi acupuntor, Carlos Alsina, un hombre muy sabio, me contaba que el malestar de las personas es proporcional a su resistencia a aceptar lo que la vida les ofrece. Es una frase densa, lo sé. Pero lo que me quiso decir es que cuanto más te opones a lo que es, más duele. ¿Te imaginas aceptar lo que llega sin ese empeño en que las cosas sean diferentes? Ooooooooh, qué placer...

Con lo fácil que sería soltar. Pero no. Cuando conoces a alguien y, poco a poco, te das cuenta de que NO es la persona adecuada, en lugar de retirarte y aceptar que es un NO, te haces daño resistiéndote a la idea de que es un NO. ¿Sabes lo que te quiero decir?

Puede que estés pensando: «Ya, Sandra, pero aceptar las cosas no es tan fácil». Y lo sé. Yo soy la primera que a menudo no las acepta. Pero ¿sabes qué? Quiero hacer un ejercicio de autocuidado para mí misma porque la que sufre, cuando me emperro en que las cosas no sean como son, ¡soy yo! Y merezco sentirme mucho más en paz.

Porque sí, las cosas son como son, no como tú quieres que sean. Y cuanto antes aceptes esta frase, antes te sentirás libre. Así que suelta, abre tus manos y deja ir aquello que te resistes a que se vaya, a que no sea, a que no funcione... Suelta.

E imagina que la vida es como una yincana de niños en la que te van poniendo pruebas. Algunas más fáciles, otras más difíciles..., pero debes pasar por todas ellas hasta descubrir cuál es el camino y el punto de llegada. Y nadie, nadie, puede desvelártelo.

Por más rápido que quieras llegar. Por más empeño que tengas en que el camino sea X y el destino Z.

Quizá hoy esté optimista, pero de corazón te digo que todo lo que soy hoy es gracias a la yincana que he recorrido hasta ahora. Incluyendo todo, absolutamente todo.

Deja de querer escaquearte de esta yincana llamada vida. Porque si no la vives, no será tu vida, sino un cuento que lo habrá escrito otro que no eres tú.

Y eso no te valdrá para nada más que para ser la espectadora de una obra de teatro que no has escrito.

Juega a esta yincana. Te prometo que cada pista cuenta y cada peldaño te dirige hacia el lugar en el que debes estar.

Gracias por este ratito conmigo. A mí me ha encantado.

Dime, ¿hay algo que no esté fluyendo y que te estés empeñando en que sea de la manera en que te lo habías imaginado? ¿El qué?

No le gustaba él.
Le gustaba lo que quería que fuera él.
Pico pala, pico pala, pico pala.
Pero nunca lo logró.

@programamia

La vida no es un plan milimetrado sobre papel

Cuando te pasas la vida ejecutando un plan sobre el papel, lo que pasa es que lo idealizas, porque encima del papel queda muy guay. Y te encanta imaginarte al lado de esa persona que cumple con esos requisitos, además de tener un estilo de vida que también va acorde con ese plan y una apariencia adecuada.

En ese plan, y sobre el papel, ves a tu Yo ideal, el que te encantaría lograr.

Y cuando vas por la calle y ves a otras personas que tienen una vida que encaja con ese plan sobre el papel que te has imaginado, llegas a creer que están mejor que tú.

Así que sigues. Y no paras de buscar a aquellos candidatos o circunstancias que encajan con tu plan sobre el papel.

Un día, de repente, compartes tu tiempo con alguien que encaja con el plan sobre el papel, pero en tu fuero interno hay algo que no te encaja.

Y recuerdas una conversación determinada:

«Ani, ¿no te gusta tu compi de trabajo? Es un tío supermajo».

«Ay, no, no es mi estilo».

Y resulta, Ani, que el que tú te crees que es más tu estilo, te da por saco, hablando mal.

Pero sigues y sigues esforzándote por hacer posible tu plan. Y en ese plan sobre el papel tu compañero de trabajo, el que no es de tu estilo, no encaja.

Y un día, cuando ya hayan pasado varios años, te darás cuenta de que querías aquello que tú creías que te encajaba, pero en realidad no te encajaba un carajo. Porque no te hacía sentir tan bien como tú te habías imaginado.

Y ese día, Ani, dejarás de imaginarte una vida y unas relaciones que te encajen y empezarás a vivir dejándote sorprender.

Y, de repente, te darás cuenta de que tu compañero de trabajo, que estará en otra empresa, tenía más en común contigo de lo que tú pensabas.

Porque no compartíais estilo, pero sí valores.

Aunque ahora él ya comparte su tiempo con otra persona. Y sin que ninguno de los dos lo hubiera planeado, se la están gozando.

No me digas qué quieres que ocurra en tu vida, dime cómo te quieres sentir en los próximos años.

Cuando te falta «vidilla»

Querida mía,

Hoy te vengo a hablar de algo que pasa. Y pasa mucho. Te pongo en situación con un ejemplo de los que a mí me gustan. Tu amiga, a la que hace mucho que no ves, te hace la pregunta típica y mítica: «¿News?».

Y sí, efectivamente, tienes muchas noticias frescas. Cada día te pasan cosas, aunque a veces te parezca que tu vida es monótona. Puede que ya hayas elegido el destino de tus vacaciones, que hayas empezado con tu psicóloga, que te hayas propuesto meditar, que en el trabajo estén pasándote cosas motivadoras que te encantan, quizá estés entrenando con un grupo de personas nuevas delante de la playa o hayas decidido vaciar tu armario y dejar espacio para lo nuevo porque viste un documental sobre minimalismo en Netflix..., ¡lo que sea! Pero tú sabes, al igual que yo, que la pregunta «¿Novedades?» va básicamente enfocada a «¿Qué?, ¿algún churri a la vista?». No es que quiera desmerecer el tema del amor, ya sabes que me dedico a esto y me parece una novedad como la copa de un pino que aparezca alguien en tu vida o que a nivel sentimental/amoroso estén ocurriéndote cosas o estés dando pasos con alguna persona. Pero ¿de verdad las noticias frescas son solo cosa del terreno sentimental?

¿Sabes cuántas veces me han pasado cosas increíbles que no tenían que ver con el amor ni la pareja y he sentido que no eran temas tan suculentos?

Imagínate ver crecer a Programa Mia, mi «hijito», este proyecto que con tanto amor he creado, cambiar la vida de centenares de mujeres a través de nuestra terapia grupal junto a mi equipo y sentir que no era tan importante como que apareciera el amor en mi vida o que diera pasos con esa persona. Es decir, en esas conversaciones de las que te hablo se dedicaba un 75 por ciento a hablar de amor y un 25 por ciento a hablar de «varios». Y eso que la gente con la que me movía cataloga de «varios», para mí era lo máximo. Y como comprenderás, mi cara era un cuadro en ese tipo de conversaciones.

Quizá no te sientas identificada porque en tu ambiente esto no ocurre tan a menudo. Pero tal vez sí. Y si mi reflexión te aporta, me hará feliz.

Y te tengo que confesar que yo también he estado en el otro lado, ojo.

Cuando tenía la sensación de que a mi vida le faltaba chispa, rápidamente intentaba resolver este conflicto interno buscando ese amor de pareja. Porque creía que esa «vidilla» que mi cuerpo necesitaba me la podía ofrecer una persona nueva que entrara en mi vida, me cautivara y llenara mis días de aventura.

Pero ¿y si no es así? ¿Y si que tu vida tenga «vidilla» no solo es cosa de una pareja? ¿Y si tú hoy puedes darle «vidilla» a tu rutina y no lo estás haciendo?

¿Sabes por qué buscamos que nuestra vida sea emocionante a través de otra persona? Porque quizá no sabemos cómo fabricar una vida estimulante por nosotras mismas. Y es entonces cuando esa búsqueda de motivación, locura y adrenalina, solo se encuentra así: #ponunchurrientuvida.

Así que, sin más, «vidilla» no necesariamente es «pareja» y «novedades» no necesariamente es un nuevo *affaire* en tu vida.

Si esto te resuena, busca esa vidilla en ti. Te prometo que está ahí dentro. Solo hace falta que dejes de esperar y que hagas uso de ella.

Un abrazo, GranDiosa.

Tu vida es tuya y la puedes modelar a tu gusto.

«A mi vida le falta emoción».
Y se dispuso a buscar novio.
Pero no se sentía suficiente
interesante para ellos.
Porque seguía sin saber hacer
de su vida algo que le fascinara.

Deja de vivir tu soltería esperando

Mia se machaca.

¿Si le encantara su vida, no sentiría ese anhelo de amor? Ni lo sabe.

Es como volver a empezar.

Volver a acostumbrarse a la vida de soltera.

A buscarse la vida.

A improvisar como se pueda.

Hasta que llegue otra persona que la cautive y vuelta a empezar.

Y por el camino oír las míticas frases de «Ya llegará...» o «Cuando menos te lo esperes...».

Lo que le da a entender que el estado es encontrar a esa persona. Como si en ese momento empezara su vida.

Como si, mientras tanto, estuviera pasando aquella etapa hasta que llegue lo que se supone que la hará gozar de esa plenitud.

«Disfruta de tu soltería hasta que llegue la persona». ¿Te suena? A Mia, mucho.

Lo que se traduce en: «Ten doscientas parejas sexuales, apúntate a un bombardeo, despilfarra, emborráchate y haz locuras».

Y de nuevo le sigue un «... hasta que llegue la persona».

Porque la estabilidad parece que se relegue a lo que pasaba en los conventos de monjas o a la vida en pareja. ¡Ah!, también a las que son más aburridas de «lo normal».

No, Mia, no eres imbécil. Y tal vez ni quieras volver con él.

Puede que tan solo idealices el estado en el que estabas junto a él. El «estatus social», como yo lo llamo.

Ese modelo normativo que te hace sentir que encajas y que quemas etapas al ritmo que toca.

Y no, esa sensación no es solo por una falta de amor propio o de alicientes personales de vida.

Tal vez es porque el imaginario social aprieta.

Y hace años.

Muchos.

Que ese modelo normativo es el imperante.

Tan imperante que hemos esperado un tiempo largo a que el gazpacho fresco lo vendieran en monodosis, y así no tenerlo que tirar porque se pone malo.

«Ya llegará, Mia». Pues ¿sabes qué? Ya ha llegado. Tu vida ya está aquí.

Y la tienes a tu disposición.

Honestamente, ¿a qué estás esperando para hacer lo que deseas? **Para concretarlo, completa esta frase tantas veces como necesites:**

«Cuando…, haré/me sentiré/lograré…».

26

Rodéate de personas mejores que tú

Querida mía,

¿Conoces el dicho de «Dime con quién andas y te diré quién eres»? Pues de eso te vengo a hablar hoy. De hecho, me he inspirado en algo que el otro día me dijo un amigo: «Sandra, rodéate de personas que sean mejores que tú».

Te tengo que confesar que al principio aluciné un poco. Me pareció como una transacción: si me das, me interesas, y si no, no. Quiero decir que me resultó un comentario algo interesado. La verdad es que me suelo relacionar con las personas con las que fluyo sin pensar lo que me aportan o lo que me dejan de aportar.

Pero como ya sabes, a veces, la vida nos va poniendo pistas para que lleguemos a descubrir lo que nos iría genial descubrir. Y la vida se encargó de que así fuera, como puedes suponer. Y mientras leía *Mi cuaderno estoico. Cómo prosperar en un mundo fuera de tu control*, de Massimo Piggliuci y Gregory López, me di cuenta de que ¡los autores decían lo mismo que mi amigo!

Y ahí fue cuando empecé a pensar. Quiero que me seas sincera: a día de hoy ¿la gente con la que te relacionas te nutre y o aporta algo? Quizá es algo que no te has parado a pensar, pero según los estoicos y mi querido amigo, es fundamental plantearse cómo son las personas con las que frecuentas, y analizar qué te aportan y si te acercan a lo que quieres dirigirte.

Así que te animo a que hagas un repaso rápido. La verdad, no tengo ni idea de qué se te está pasando por la cabeza, así que te hablaré de mí y de mi vida.

Realmente si me hubieran hecho esta pregunta hace unos años, te hubiera dicho: «A ver, todo el mundo con el que me veo me aporta de un modo u otro. Quizá Ana no es lo profunda que me gustaría, pero me río un rato. O puede que con Laura siempre sea yo la que tiene que tirar del carro, pero es buena tía...». Podría continuar el listado, pero básicamente lo que hubiera hecho es justificar el porqué de la elección de cada persona que formaba parte de mi núcleo social, me aportara o no. Y seguramente esto lo hubiera hecho porque yo era mucho de rellenar.

Y después de la reflexión de estos días, la verdad te tengo que decir que me solía relacionar con personas a las que yo solía aportar más. Tal vez te suene pedante. O tal vez sea yo la que piense que lo vas a pensar porque tengo miedo de que me juzgues. Sea como sea, siento que es verdad. Que estaba más que acostumbrada a ser yo la que aportaba más. Que sí, que ya sé que siempre puedes aprender algo de alguien. Pero en esta carta en la que me estoy sincerando y mucho contigo, no quiero que te quedes con ese mensaje tan simplista. Porque la verdad es que hay personas que te aportan muchísimo más que otras y te hacen crecer y multiplicar tu potencial porque te inspiran y son un modelo a seguir en muchos aspectos. Y que cuando te sinceras con ellas hablan tu mismo idioma y no flipan en colores con lo que les dices.

La pregunta que viene a continuación es ¿qué te impide relacionarte con personas de las que puedas aprender y mucho? O lo que es lo mismo: ¿qué te impide juntarte con gente mejor que tú? Tal vez haya una voz interna que te esté diciendo dos cosas (ya sabes que me encanta leerte la mente):

1. No hay tanta gente válida.

2. ¿¡Quién me pienso que soy yo para estar creyendo que yo les aporto más que ellos a mí?!

Pues te diré algo, si he acertado con ambos argumentos, siento que son creencias limitantes y de autoboicot que te recuerdan que no aspires a tanto. Y no hay derecho.

Pero ¿sabes cuál es la verdad? Que una se acostumbra a aportar mucho a otros. A darles ideas, apoyo e inspiración. Se acostumbra tanto que llega un día en que ha interiorizado tanto ese rol que no sabe cómo colocarse en el otro, en el de una persona que desea aprender, que la nutran y que la hagan ser mejor persona cada día porque tiene sed de aprender. Y para aprender necesitas admirar a otros, sea por lo que sea.

Y eso existe, te lo puedo asegurar. Y rodearte de esa clase de personas implica dos cosas:

—La primera, que te amas y mucho. Tanto que quieres que te sumen y por eso vas a escoger así de bien.

—Y la otra, que te amas tanto que aunque te haga sentir cierta inseguridad abandonar tu rol de «la que aporta», estás dispuesta a hacerlo. Porque tú no has venido a este mundo solo a dar sino a recibir. Y mucho.

Ojalá te atrevas a recibir todo el néctar que la vida te tiene preparado.

@programamia

Elige a las personas, no el plan

Tienes un buen plan.

Hacer ese viaje. Ir a comer a ese lugar. O pasar la tarde en tal otro.

Te apetece. Sí. Pero te has olvidado de algo importante: con quién.

Que sí, Ani, que como tú dices: «Es un planazo». Pero ¿no te parece extraño que con ese «planazo» no te sientas llena?

¿Y que llegues a casa y haya algo dentro de ti que no esté en paz?

Doble machaque entonces.

Si en «teoría» ha sido algo que a todos les gustaría y que tú misma «compras», ¿quién te manda a ti ahora sentirte así? (ironía por mil).

Lo sé. Tal vez sientas que no tienes motivos.

Pero si no le puedes echar la responsabilidad a tu ciclo menstrual, tal vez empieces a conectar con algo que no hayas tenido en cuenta.

El envoltorio te gusta. Y si te hicieran una foto del plan del que vienes con la personas con las que has estado, cualquiera te diría que estás de coña. Y que te lo montas de PM.

«No paras, ¿eh?».

Pero aunque en Instagram quede resultón, en tu fuero interno algo no rula.

¿Sabes qué, Ani?

Me he dado cuenta de que el plan se convierte en planazo cuando no solo te gusta el envoltorio, sino lo que se envuelve.

Si las personas con las que lo compartes vibran en tu sintonía.

Si te hacen sentir como en casa.

Si puedes ser tú misma y hablar sin tapujos.

Y no pretendes ser aceptada porque simple y llanamente ya te sientes aceptada.

Y que el sofá de tu casa, con esa pizza que llega semifría y que no mata, puede ser un verdadero planazo.

Y que esa escapada cool que Vueling puja bien alto se puede convertir en un deseo de: que llegue a su fin y volver a tu casa y refugiarte.

Que sí, que en la foto queda bien. Pero esa foto no va a hacerte sentir en paz.

Tal vez satisfecha al sentir que tienes el verano «montado». Pero ¿a quién pretendes engañar?

Yo que tú optaría por lo que necesito. No por lo que al colectivo social le parece bien.

Firmado: una a la que se le ha dado muy bien salir bien en la foto.

NO ENCAJO, ¿SERÁ QUE SOY RARA?

Las relaciones nutritivas son aquellas en las que se da y se recibe de manera equitativa, por eso no te agotan sino que te llenan. Cuando el otro te aporta, te nutre e inspira y viceversa.

¿Con qué persona de tu entorno sientes que te cansas, que su energía te pesa o que tienes que tirar del carro?

....

....

....

....

....

....

Describe cómo es esa sensación intentando recordar uno de vuestros últimos encuentros.

Cómo construir una vida más emocionante

Querida amiga,

¿Por qué nos conformamos? Me refiero a aceptar tener una vida a veces más monótona de lo que nos gustaría.

Y lo curioso es que muchas veces cuando vamos del trabajo a casa y de casa al trabajo y quedamos en sitios similares a los de siempre con la gente de siempre, es, básicamente, porque lo escogemos. ¿Me equivoco?

Y quizá estemos pensando que queremos una vida más estimulante. Justo la vida que nosotras mismas no estamos creando.

De verdad, que la vida no pasa, la vida se construye también. Y te lo dice una que no siempre ha creado la vida que ha querido porque creía que eso no era posible.

Puede que sientas que no, que en el fondo tú no puedes hacer nada mucho más emocionante de lo que ya haces. Pero, de verdad, me niego a pensar que el único periodo del año en el que conectar con esa sensación de libertad y de dejarte sorprender sea durante las vacaciones de verano.

¡Me niego!

Te explico esto porque estoy haciendo reflexiones importantes estos días. Y eso me lleva a querer conectar con una parte de mi yo más aventurera, que necesita de estímulos externos para sentirse más creativa, viva y feliz.

Soy nómada digital, eso ya lo sabes. Entonces ¿por qué no me he dado todavía el capricho de irme a teletrabajar a un lugar exótico? Puedo hacerlo. De verdad que puedo. Pero hay algo que hace que vaya posponiendo este tipo de cosas. No sé si es el pensar que allí no rendiré tanto como aquí o que ese dinero que me gastaría teletrabajando sería el que me gastaría en mis vacaciones «de verdad» (o sea las típicas míticas del mes de agosto, como si solo pudiera gastar en esa franja del año). Y te podría escribir doscientas excusas más que se me pasan por la cabeza. El caso es que todo eso que me cuento son excusas que dejan ver mis propios límites y miedos.

Es como si me hubieran metido un software en la cabeza hace muchos años que me preparara para lo conocido. ¿A ti te metieron el mismo software?

¿Sabes qué se me despertaba cuando en nuestras reuniones de trabajo veía a Clara, una de las psicólogas que dinamizan nuestros grupos de mujeres en Programa Mia, en Tanzania, Costa Rica o el País Vasco? «Qué bien vive esta».

Pero ¿sabes qué? La verdad es que vive bien porque quiere. Porque ha decidido optar por ese estilo de vida, porque ahora esas son sus prioridades...

Y es lícito tomar ese camino u otro.

Pero esta carta va por ti si deseas ese camino, pero no te lo permites.

Porque tienes miedo de hacerlo sola.

Porque no lo has hecho antes.

O porque te creas tus propios límites para no conectar con una realidad que hace mucho más daño que tener una vida monótona: ser tú misma quien no se permite tener una vida que te motive, que te llene y que te haga sentirte guaaaauuuuu.

Así que me voy. Me voy a Fuerteventura con Dana, mi perrita, a teletrabajar, a conocer otros lugares, a conversar con nuevas personas, a darnos caprichos, a experimentar, a disfrutar y a conocernos más.

¡¡Y me siento excitada!!

Ah, por si sigues leyéndome y no te encaja un viaje para teletrabajar, tengo algo que decirte. Una vida estimulante implica irte con tu portátil a trabajar a aquella cafetería cool del centro de tu ciudad, o irte a la playa con un táper ese viernes que siempre sueles comer en casa o tomarte una horchata en aquella terraza cual guiri y que de una manera fortuita experimentes por momentos ese pedacito de libertad dentro de ti que tanto deseas. Mmmmmmmmm... Me encanta que descubras lugares que tienes a mano sin la necesidad de irte a Bali.

Y sí, eso puedes dártelo. Tu vida la creas tú.

Un abrazo, GranDiosa.

Te informaré de mis nuevas aventuras. Y, mientras, espero y deseo que tú también vivas las tuyas.

Vamos a aterrizar ideas. **¿Qué vas a hacer esta semana por ti para hacer que tu vida sea más estimulante, creativa y para conectar con la ilusión?**

Y decidió diseñar su propia vida.
No quería que lo hiciera otro
arquitecto.
El proyecto era suyo.

@programamia

28

Cuando tus expectativas están en lo más alto y te pegas el batacazo

Querida mía,

Te voy a contar la verdad. Sin venderte la moto de nada, porque si lees mis cartas, ya sabes que pretendo acercarme a ti y este espacio me lo tomo como mi miniterapia semanal.

Allá voy. Que sepas que no todo son florecillas de colores. Ni que la creadora de Programa Mia (o sea, yo misma) es una superwoman que disfruta siempre de su soledad.

Te cuento... Si me leíste la semana pasada, ya sabes que me he venido a Fuerteventura una semana y pico a teletrabajar con mi querida perrita Dana (Danuti, Dani, Danete, Ratita, Princesota y cualquier otro diminutivo cursi con el que la pueda llamar).

Mi idea era conocer a mucha gente, estar superbién, inspirarme para crear más contenido y transmitíroslo, conocerme más, disfrutar y darme el lujazo de ser una nómada digital en toda regla.

Pues bien, tras veinticuatro horas de haber llegado entré en crisis y, tal cual, me quería volver a Barcelona. Solo te digo que hasta miré billetes.

Me sentía sola, hacía frío, estaba nublado y chispeaba, el coworking estaba desértico y, para más inri, el pueblo en el que me alojo tenía literalmente cuatro bares de los cuales abiertos había un par. Si eres una urbanita empedernida como yo, ya sabrás que se me pasó por la cabeza lo siguiente: «¿Quién co... me ha mandado a mí plantarme aquí?».

Te juro que me sentí muy desgraciada. Me observaba y me veía forzándome a conocer gente, como si lo imprescindible para estar cómoda fuera hablar con cualquier ser humano.

Parecía como que quisiera ya de ya tener amigos, que además fueran ideales, que me flipara el entorno y que pudiera llegar a Barcelona llenándome la boca y diciendo que Fuerteventura es lo mejor que me ha pasado en muchos años.

Las series tipo *Emily en París* de Netflix han hecho daño. Si no la has visto, puedes imaginarte a la típica chica estadounidense que se va a trabajar a París y en cuestión de días le pasan miles de aventuras que a ti no te ocurren en Fuerteventura, aunque en realidad te encantaría. (Ojo, esta serie te la superre-comiendo).

Pues bien, te cuento todo esto por varias razones. La primera, ¿sabes lo primero que se me pasó por la cabeza cuando me planteé volver? Que sería un fracaso de experiencia. Y qué iba a contar al llegar a Barcelona. Y te estoy siendo 101 por ciento sincera.

Total, que llamé a personas importantes para mí y, poco a poco, me fui dando el permiso de irme si así lo sentía y deseaba. Fue como si fuera soltando la presión por tener que aguantar y hacer de ese plan lo mejor de mi vida.

«Sandra, si quieres te vas. Y si no, te quedas. Así de claro, no tienes que demostrarle nada a nadie. Ni tampoco a ti. Lo primero es tu bienestar». Y esas sabias palabras que salieron de mi sabia interior fueron un bálsamo. ¡Era verdad! ¿Realmente tengo que apechugar con algo que no me gusta por salir bien en la foto o para contar lo que se supone que todos quieren escuchar?

Te puedes imaginar de qué calibre eran los mensajes que me mandaban las amigas y los conocidos: «Sandra, disfruta muchísimo de la superexperiencia» o «Te flipará y no querrás volver». No puedo describir mi cara al recibir mensajes alentadores de esta índole.

Porque, claro, a nadie se le ocurrió decirme: «Sandra, ya me contarás» (sin más, sin expectativas, ejem).

Y pasaron las horas. Y solté el querer que todo fuera maravilloso. Y solté también el querer hacer amigos a toda costa y que me invitaran a una hoguera en la playa. Y también solté el querer que me pasara como a los surfistas de verdad, que deciden cambiar su vida y venirse aquí a vivir (yo prefiero Barcelona..., y así está bien).

Y justo cuando solté esa exigencia, empecé a sentirme más tranquila. Decidí ir a la playa porque quise. Y me fui a tomar un café al bar que me apetecía en ese momento. Sin pretenderlo, conocí a unos chicos que me invitaron a esa hoguera que en un principio desee que me invitaran. Todo fue mejor de lo que me imaginaba porque uno de ellos era músico y quería tocar la guitarra y cantar frente el mar. Estuvo de coña conocerlos, la verdad. Gente guay, superdiferente a mí, de la que aprendes. Pero no fui a la hoguera. Porque no quería. Me quedé en mi *coliving* cenando y charlando con otra gente sin presiones de que fueran mis amigos para el resto de días.

Y, ¡Ohhhhh!, qué placer... De repente no me sentía forzada, ni temerosa porque este viaje no fuera lo que esperaba. Y sin más, fui soltando la exigencia.

Y hoy te escribo y me siento bien. Me he aclimatado.

Porque esto es una experiencia. Y pase A o B, estará bien.

Aunque no desee quedarme a vivir aquí.

Aunque no me llame la atención el surf (prefiero tomar el sol, *sorry*).

Aunque no me emborrache todas las noches (es que tengo unas resacas fatales).

Ni aunque no conozca a nadie que me cambie la vida.

«Te lo vas a pasar genial y no querrás volver».
Y resulta que quiso regresar.
Y no fue vibrante.
Tampoco repetiría.
Pero no pasó nada, no era una serie de Netflix.

No eres rara, sentirse mal en verano es posible

Verano. Suena bien, ¿verdad?

Tiempo libre, sol, planes, terrazas... ¿Tú has conocido a alguien que te diga que el verano le genera estrés? Yo he conocido a muchos.

A veces pienso que solo está permitido hablar mal de la Navidad.

Y ya sabes que en el fondo somos como borregos, nos es más fácil adherirnos a aquello que dicen muchos que a lo que dicen pocos.

Como cuando en el cole te gustaba aquel chico en el que nadie se fijaba y lo ocultabas porque solo te podía gustar el que era solicitado por todas. Si has pasado por esto, me entenderás bien.

Y entonces te sientes rara. Muy rara. Porque el verano, contra todo pronóstico, te hace sentir regulín. Y, para más inri, lo tienes que mantener en secreto. Porque la mayoría diría que es *pa flipar*.

Pero ¿sabes qué? No es tan extraño si tienes en cuenta que las publicaciones con planes apetecibles en Instagram se multiplican. Y también la posibilidad de que idealices a aquellas caras felices con planes perfectos. Lo que implica que la posibilidad de compararte y que salgas malparada, también.

Además, se supone que en verano es cuando más acompañada te debes sentir, ¿no? Navidad = familia. Verano = amigos/pareja.

Peeeeeeero..., hay un pero.

Que todos tienen su vida. Y a ti te toca buscarte la tuya.

Y no sin pretender nada. Sino pasándotelo bomba, explicando que ha sido la releche y deseando que ese mes de agosto no se acabe jamás.

Mira, solo de pensarlo, me canso.

¿Sabes? Tengo 34 años y es el primer verano de mi vida que no tengo nada atado. Increíble. ¿Surgirá algo? Puede.

Y me doy cuenta de que hace un tiempo esto hubiera sido impensable. ¿Sabes por qué?

Porque mi verano tenía que estar muy bien exprimido, siempre haciendo cosas que parecieran propias de alguien que sabe disfrutar 1000 por mil.

Y te das cuenta de que la palabra disfrutar es mucho más de lo que te han vendido. Porque puedes disfrutar en Santorini con un sombrero de paja o durmiendo una siesta infinita en tu cama, en la que te acuestas cada día, sin horarios que cumplir.

Porque disfrutar es hacer lo que te dé la gana.

Firmado: una que ha decidido disfrutar para ella misma, no para los demás.

CUANDO CONVIERTES EL EMPODERAMIENTO EN EXIGENCIA.

Cuando decides dejar de ser de piedra

Querida mía,

Llámame profunda, pero últimamente siento que estoy madurando. Resulta que después de varios batacazos en el terreno del amor y de las amistades, me volví algo así como una mujer de hierro. ¿Sabes cuando te crees que no necesitas nada de nadie y que contigo misma te sobras y te bastas? No es que critique esta etapa, la verdad, porque sin haberme vuelto un poquito de hierro, quizá no me hubiera empoderado.

Pero ahora me doy cuenta de que después de la fase «mujer de hierro», ultranecesaria tras el periodo «me han dejado destrozada», llega otra fase super superbonita. Y siento que es por la que estoy pasando actualmente.

Si me sigues, ya habrás visto que últimamente estoy tirando por tierra ese empoderamiento atroz que nos hace creer que para sentirnos fuertes, tenemos que irnos a una puñetera isla desierta y encima sin necesitar ni siquiera de la conexión a internet porque eso nos hará saber que estamos en paz.

Y yo me río. ¿Se nos ha olvidado que somos del género humano?

¿Sabes? El empoderamiento no es convertirte en un muro de piedra.

Precisamente es lo contrario. Y ahí va mi reflexión de estos días.

¿Sabes cuál es la fase posterior a la que yo llamo fase «mujer de hierro»? La de aceptar que eres humana.

Te cuento..., hace un tiempo quería estar bien sola, no necesitar a nadie. Y si experimentaba soledad, me ponía a prueba y seguía conmigo misma. De hecho, te tengo que confesar que hasta me juzgaba por desear tener una pareja en aquellos momentos o por querer que me saliera un plan con amigas. Me decía a mí misma: «No, Sandra, ¡joder!, no deberías necesitar eso».

Durante el confinamiento me di cuenta de muchas cosas. Entre ellas, que había personas que por su propia naturaleza, historia de vida o sentimientos están bien solas. Son personas que pueden pasarse el domingo encerradas en sus casas haciendo «cosas». Están bien. Y al llegar el confinamiento, hasta lo vivieron como un privilegio: «Por fin no tengo que poner excusas y está permitido que me refugie en mi cueva y no me relacione con nadie, ¡oeeee!».

Te diré que eso está bien. Y está bien si tú eres así y si eso es lo que te pide el cuerpo.

Hoy te comparto lo que yo soy. Y, obviamente, quiero que tú conectes con lo que tú eres. Ni más ni menos.

Ayer estuve trabajando desde casa con Dana y no fui al coworking. A mediodía había quedado con una amiga, pero nuestra comida se suspendió porque había estado en contacto con un positivo. Por la tarde quería ir al gimnasio, pero al final no fui porque decidí pasear por la ciudad. Total, que al llegar a casa por la noche y tras tantas horas sin contacto humano, me sentí un poco decaída, como desmotivada.

Y ¿sabes qué? Me dije a mí misma: «Sandra, tú necesitas estar en contacto con personas la gente». Y no pasa nada de nada de nada. No me hace ni peor ni mejor. Simplemente me conozco día a día un poco más y sé qué necesito para sentirme bien, arropada y cuidada.

Obligarme a estar ocupada con eventos sociales cada día, me agota. Y permanecer en casa encerrada un día en que necesito sociabilizar, me atrapa.

¿Y sabes lo más bello? Que ahora lo puedo decir alto y claro: deseo compartir. Necesito a las personas. El contacto humano me da vida, me estimula, y me hace sentir arropada. Me gusta. Y cuando lo elijo, y lo elijo bien, es la repera.

Y no, eso no me hace débil ni dependiente. Me hace ser humana. Y me hace soltar aquella falacia tan surrealista de que sola y con todo es el *statu quo*.

Nos hemos olvidado de que somos como los delfines, nos movemos en manada. Y si esa manada es la que te hace sentir como en casa, quédate allí. Puede ser fascinante.

Un abrazo, GranDiosa. Ojalá que tu etapa de superwoman esté llegando a su fin.

Quítate la armadura, mujer
de hierro.
La guerra ya ha terminado.
Y cuando lo hizo se fundió
en abrazos.

¿No te cansa poder con todo y sola?

¿Sabes? Está de moda empoderarse. Y saber estar sola. Y que te flipe hacer cosas sin nadie más que tú.

De hecho, cuando le cuentas a alguien que te vas sola de viaje, te dice: «¡Qué guay, tía! Te lo vas a pasar genial».

Y resulta que hasta te envidia. Eso sí, a pesar de que te envidie, esa persona probablemente no va a hacer lo que tú.

Y está bien que no lo haga. Y a mí no me convierte en mejor hacerlo.

Que sí, que está bien que no te guste viajar sola.

Es más, no tienes por qué hacerlo.

Y no hacerlo no implica el colofón final de tu proceso de cambio.

¿Quién ha dicho que viajar sola implica estar mejor que quedarse en tu pueblo con tu familia comiéndote el potaje de judías que llevas comiendo desde que tienes uso de razón?

En resumen, plantarse en Bali sin nadie más que tú a tu lado no te hace estar mejor ni peor que quedarte en tu pueblo de toda la vida con tus amigos de toda la vida.

¿No te cansa esta exigencia de poder con todo y tú sola?

¿Sabes? Hace un tiempo pensaba que el proceso de crecimiento personal implicaba un reto. Y en ese reto había escenarios en los que no lo ibas a pasar bien. Pero en lugar de evitarlos, debías enfrentarte a ellos.

Como si fueran malos tragos necesarios para poder conectar contigo.

Pero ¿sabes qué? Entendí mal lo que era empoderarse. Que pasarlo mal por pasarlo mal es tontería.

Empoderarse no es hacer algo que se supone que hace la gente empoderada.

Ni tampoco es ponerse pruebas para ver hasta dónde eres capaz de llegar.

Que no, que no tienes que demostrarte nada.

Ni a ti ni al resto.

Y que preferir estar acompañada de gente cercana no implica que te quieras menos que la que dice que le flipa plantarse sola en la otra punta del mundo y cruzarse con gente por el camino.

Empoderarse también es soltar esa necesidad de demostrarte de qué eres capaz.

Y empoderarse no es una moda.

Que necesitar calor humano y seguridad de esa tan buena que te da tu zona de confort es cojonudo.

Solo que nos han hecho creer que eso es debilidad.

Y empoderarse es sentirte poderosa. Y eso se consigue dándote lo que necesitas.

No lo que te han dicho que se supone que debe hacer una mujer empoderada.

Completa estas frases tantas veces como sientas:

«Necesito...»

....

....

....

....

....

....

....

....

«Tengo derecho...»

....

....

....

....

....

....

....

....

Pretender encajar con calzador no funciona

Querida mía,

¿Tú también has tenido la necesidad imperiosa de pertenecer a cualquier precio? Yo sí... Pertenecer quiere decir sentir que estoy dentro, que formo parte, que encajo con esas personas y con aquel entorno.

Te diré más, creo que la sensación más dolorosa que he vivido es sentir que no encajo cuando los demás sí que lo hacen. Y eso se nota. Te das cuenta de que ellos se sienten como en casa, que les apetece muchisisisimo estar ahí y que no se acabarían nunca las horas de compartir juntos. Pero tú lo sientes diferente. Es más, te quieres ir a tu casa.

Y luego llega esa voz interna machacona que te recuerda que eres más rara que un perro verde. O sea, que ahora en lugar de tener un problema, tienes dos:

1. Sentirte excluida.

2. Sentirte fatal por considerarte de otra galaxia.

Y en esos momentos, doy fe que he llegado a sentir que soy la única en la faz de la tierra que se siente así. Gracias a Dios, con los años me doy cuenta de que cuando tú no formas parte de algo, lo sientes.

Y cuando lo sientes, te sientes fuera. Y cuando te sientes fuera, no te apetece estar ahí. Y es absolutamente comprensible. ¿A quién le apetece estar si no está en su salsa?

¿Pertenecer es una necesidad legítima? ¡*Of course*! Forma parte del género humano y animal. Necesitamos ser parte de la manada. Si no, conectamos con esa sensación tan desoladora que es la soledad, no conectamos y sentimos que nadie nos comprende. ¿Puede haber algo más terrible que eso?

Total, que lo que haces es esforzarte.

Porque tienes la esperanza de sentirte tal y como ellos: en casa. Y te fuerzas y haces cosas que en el fondo de tu corazón no te apetecen.

¿Y sabes lo que ocurre cuando haces algo que no te acaba de apetecer del todo? que se te nota. Hay algo que no puedes obviar. Ni tú ni los que te rodean. ¿De verdad, creías que eras tan buena actriz?

Yo lo he intentado... Y por eso he decidido escribirte esto.

Por todas aquellas veces que me he quedado hasta más tarde, que he acudido a tal sitio, que me he apuntado a tal plan... Cuando, en realidad, no me apetecía.

Ya lo ves, no soy perfecta. Y como tú, anhelo que me quieran y sentirme querida. Eso me da vida. De hecho, es nuestro motor.

Pero me olvidaba de algo. Cuando más pretendo encajar es cuando más desconectada estoy de mí. ¿Cómo voy a sentirme en paz si voy en contra de lo que siento? ¿El resultado? Una Sandra incómoda, forzada, sin muchas ganas, con un punto de falta de espontaneidad y, por lo tanto, arrastrando la imposibilidad de ser el alma de la fiesta... ¡Obvio! ¿Quieres que continúe o ya me pillas?

Básicamente, lo que quiero decirte es que seas tú. Pero no te voy a contar solamente que seas tú porque ya sabes que es lo que te va a sentar mejor y blablabla (suena a topicazo, al menos lo habré leído dos millones de veces por Instagram), sino que no te esfuerces porque no vas a estar fluida, risueña, espontánea, divertida, graciosa, auténtica, bonita... No vas a fluir.

Y encima del esfuerzo que te habrás «currado» por pertenecer haciendo algo que no quieres, encima, te va a salir el tiro por la culata. Porque no vas a transmitir ni conectar con el otro.

Ejemplo: ¿Cómo sueles conectar más con los demás? Cuando llegas tarde al trabajo porque hay un tráfico de locos y encima te duelen los ovarios porque está a punto de bajarte la regla o cuando has dormido como una señorona tus ocho horas y has desayunado lo que más te apetece del mundo y te diriges a un sitio que te encanta... ¡Pues eso!

Que para brillar, lo único que tienes que hacer es lo que te apetece. Porque no he visto a nadie brillar metiéndose con calzador algo que le aprieta.

Que te atrevas a que te excluyan. Porque esta va a ser la única forma de que te incluyan. Y solo así vas a sentir que formas parte.

Ojo, y si no es así, te juro, te prometo y te aseguro que con otras personas sí que lo harás. Tal vez ni hoy ni mañana, pero un día. Cuando decidas ser de verdad. No te conozco, pero tú también eres especial. Y todos los animales encuentran su manada. Tú no vas a ser la excepción.

@programamia

Cuando sientes que no perteneces

Cuando sientes que no perteneces, te notas fuera.

Como si estuvieras en medio de personas que tienen un hilo conductor que las une y tú, aunque estés allí, no lo tienes.

Es una putada, la verdad.

Porque aunque aparentemente todo esté bien, hay algo en ti que no te hace sentir como en casa.

Incluso te sientes forzada. Como medio fingiendo. Y llegas a casa agotada. Porque, en el fondo, ese confort de estar en tu lugar no lo has sentido.

Es más, no te gustas. Porque no eres del todo tú.

Y aunque tu lugar lo encuentres en tu casa, desearías ser «como ellos» y encontrarlo también en esas reuniones.

Pero no te pasa.

Y quieres sentirte dentro. Y lo que haces es ir, estar y parecer.

Pero, pfffff, te das cuenta de que para ellos no es un esfuerzo. Que ellos sí que están en su lugar, que pertenecen. Y no tienen que hacer nada para sentir eso.

Y tú estás allí, pero no perteneces. Aunque estés haciendo «algo» para que pase.

¿Sabes de lo que te hablo? Ya, el tema de hoy es un poco denso, pero me apetecía compartirlo.

Porque creo que una de las cosas que genera más malestar es sentir esa no pertenencia. Porque todos (y cuando digo todos es todos), necesitamos pertenecer, sentir que formamos parte de...

Y a veces es que esa gente no es para ti. Aunque te gustaría que lo fuera porque aparentemente «pegáis» y es lo que tienes a mano. Sí, aunque te recuerde a la adolescencia, sigue pasando en la edad adulta.

Pero no siempre con quien «pegas» o tienes al lado es con quien conectas.

Puede que seas tú o sean ellos. Pero ¿sabes una cosa? Lo resolverás. Un día u otro.

De algo no me cabe duda:

Todos tenemos un lugar. Aunque a veces no lo hayamos encontrado.

Y, en ocasiones, quedarte en ese que no es tu lugar, duele más que no tenerlo.

CÓMO SER AUTÉNTICA Y EN LUGAR DE ENCAJAR, CAUTIVAR.

Dite la verdad, **¿qué estás forzando que en realidad no fluye? ¿Qué estás intentando meterte con calzador cuando te aprieta y necesitas otra talla?**

@programamia

31

Cuando estás mal y no sabes por qué

Querida mía,

Me he levantado cruzada. Y lo peor es que ayer también me levanté cruzada. ¿Sabes aquello que dices: «Uyyyy, debe de ser el día que está feo...»? Pero resulta que hoy hace un día distinto al de ayer. Es más, ha salido el sol y hace un día espectacular. E igualmente he amanecido apática, desmotivada, tristona, con falta de energía y alicientes...

Sinceramente, Antes de empezar a escribirte estas cartas, suelo prepararme mentalmente el lugar al que deseo llegar. Pero hoy no lo he hecho porque no sé ni dónde quiero llegar (así estoy). Así que, como sabes, me tomaré esta carta como un regalo para ti y también para mí. Tal vez me ayude a sentirme de otra manera.

La verdad es que «no tengo motivos» para sentirme así. Tengo salud, una vida profesional maravillosa, a ratos tengo a personas con las que compartir, una familia (que aunque no siempre la tenga a mano, ahí está) y, además, este fin de semana me voy a Ibiza.

Como comprenderás, con este escenario, más de uno me daría una colleja.

Ayer, un íntimo amigo me decía: «Sandra, tienes que valorar más las cosas que tienes».

Tengo que reconocerte que hace unos años hubiera tenido ganas de matarle. Pero eso no me ocurrió ayer. Entiendo que, en parte, tiene razón. Y por otra, lo que siento es algo más profundo que lo que él pueda comprender o captar. Es más, siento que lo que me ocurre es invisible a los ojos humanos. Y de ahí mi desconcierto cuando me siento así.

¿Sabes?, creo que no hay nada más molesto para un ser humano que sentirse mal y, además, no saber el porqué.

De hecho, me cuesta todavía comprenderme. Pero dentro de mí siento la falta de lazos de unión. La carencia de afecto, de juntarme con gente o con mi familia. Creo que mi cuerpo está sintiendo los devastadores efectos de la soledad. Y ya sabes que la soledad elegida es maravillosa, pero estos días no la he elegido yo. Dadas las circunstancias, y para preservar mi viaje a Ibiza, he dejado de hacer cosas (por si me contagio de COVID a última hora y no puedo ir).

Total, que he estado más horas de las que me hubiera gustado en casa. Y yo, que me conozco, me desinflo en este escenario. ¿Sabes qué me ocurre cuando me siento apática y triste como ayer y hoy? Que me entra mi vena resolutiva y me enfoco en la acción.

Eso quiere decir que me dedico a querer hacer cosas para sentirme de otra manera. Y me empeño en quedar con gente, ir al gimnasio o cosas del estilo. También puede que me compare con lo que hacen otros. Eso ocurre cuando no estás satisfecha con lo que estás viviendo y al igual que te enfocas hacia fuera queriendo quedar a toda costa o haciendo «cosas» a toda costa, también te comparas a toda costa. O sea, que vuelves a ir hacia fuera.

Y eso no nos hace sentir mejor. La acción, a veces, me hace sentir peor, imagínate.

Siento que necesito mimarme mucho, no trabajar en exceso, tomármelo con calma, no estresarme, darme algún capricho o volver a mi nido. Y eso no quiere decir ni quedar con gente a toda costa ni quedarme en casa en esa soledad no elegida. Eso significa embalsamarme. Es decir, ponerme en remojo..., como ese pan duro que lo bañas en leche y al cabo de unas horas es una torrija riquísima.

Pues eso siento yo que necesito hacer conmigo para cuidarme en estos días.

Volver a la calma, a la paz interior, a darme amor.

Pero no de ese amor que proviene de comentarios puramente racionales del tipo «Valora lo que tienes», que no me ayudan, sino del amor que recibí hace muchos años. Quizá cuando era una bebé.

Y justo cuando estoy a punto de despedirme de ti me doy cuenta de lo que necesito: amor. Ese calorcito que no necesita de palabras.

Ese mimarse como si fueras una niña inocente que no sabe cómo sentirse mejor y que el sistema le recuerda que pase a la acción y piense en positivo. Ufffff, nada de eso. Esa niña necesita algo mucho más intangible. Una energía de amor que estoy segura que puedes darle.

¿Te imaginas a tu yo de bebé ahora mismo entre tus brazos? Como si su cabecita estuviera cerca de tu nariz y boca y sintieras ese olor tan tierno y delicado. Pues eso, justo eso, es lo que necesito hoy.

Un abrazo, GranDiosa, y gracias por acompañarme hoy. Y si te ha ayudado, doblemente agradecida.

PD: creo que voy a rociar de colonia Nenuco mis sábanas. Hasta la semana que viene.

@programamia

Te quiero tanto miniYo...

Ayer cayó en mis manos una bonita foto de cuando era una niña y no he podido resistirme a escribirte. Eres tan mona...

Sé que estás aún y siempre dentro de mí, siempre lo estarás, pero para serte sincera, a veces te recuerdo desde la cabeza, pero con la cabeza, no tanto con el corazón.

A veces llevo un ritmo muy potente y no siempre logro parar. Pero cuando he visto esa mirada, he sentido tanta ternura...

Eres un ángel y solo me dan ganas de abrazarte. No puedo evitar emocionarme mientras te escribo.

Además me veo a mí, a tu lado, mirándote con admiración y a la vez admirándome a mí misma porque, aunque sea lógico y evidente, me doy cuenta de que ya soy una mujer. Y que todo lo que he vivido durante estos años se refleja en mi mirada.

Y no, aunque la sociedad nos haga creer que hay que evitar que se note cuando cumplimos años, como dice Brigitte Vasallo: «Yo quiero que se me noten». Porque todo lo que yo ya he vivido por ti me ha hecho la persona que soy ahora, con todo el aprendizaje, la seguridad y los recursos que ahora tengo y que uso día a día para hacer que tu vida sea mucho más fácil y bonita.

Aunque también esos años hacen que pierdas algo que admiro profundamente de ti: tu capacidad para dejarte llevar, fluir y entregarte a los demás como si nunca nadie te hubiera hecho daño, ni te lo fuera a hacer. Sin medir ni planear.

Mi preciosa, han pasado muchas cosas desde esa foto. Quiero que sepas que vas a ser una mujer sana, que vas a tener una casita preciosa decorada con una energía muy femenina con muchas plantas y cojines, una perrita adorable llamada Dana a la que vas a querer con locura y que vas a liderar, junto a tu hermano Albert, un proyecto precioso que va a llamarse Programa Mia, en el que vais a ayudar a mujeres de todas las partes del mundo a quererse por lo que son y no por lo que parecen, y a comerse el mundo.

Además, tu familia estará a tu lado y te querrá tanto como ahora.

Y tendrás buenas amigas. Si te soy sincera, algunas personas que ahora te parecen cruciales no van a estar a tu lado. Pero te prometo que no te va a importar, porque dejarás espacio para quien sea bueno para ti.

Conocerás a muchos chicos.

A algunos les gustarás mucho y otros no serán lo que necesitas. Pero todo eso va a ser necesario para convertirte en quien yo soy hoy.

Mi pequeña, no quiero que te preocupes de nada más que de disfrutar y de estar tranquila porque todo esto de lo que te hablo, yo ya lo he vivido por ti y tú no tienes que volver a pasar por ello.

Y ahora que sé que sigues en mí, quiero prometerte que traeré al presente tu halo de inocencia, de ilusión y de esperanza. A veces me he protegido del mundo siendo una incrédula, pero, ¿sabes qué?, adoro tu capacidad de enamorarte, entregarte, recibir y emocionarte por todo lo que venga.

Entre las dos somos invencibles.

Te amo mucho y siempre, siempre, estaré para ti.

Y tú, siempre, siempre, estarás en mí.

@programamia

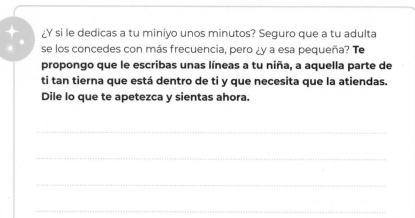

¿Y si le dedicas a tu miniyo unos minutos? Seguro que a tu adulta se los concedes con más frecuencia, pero ¿y a esa pequeña? **Te propongo que le escribas unas líneas a tu niña, a aquella parte de ti tan tierna que está dentro de ti y que necesita que la atiendas. Dile lo que te apetezca y sientas ahora.**

32

Cuando tu vida parece un puñetero tetris de tanto planearla

Querida mía,

Me he pasado media vida planeando. Teniendo los findes milimétricamente programados. Las vacaciones, obviamente, también. Por aquel entonces no tenía ni pajolera idea de lo que quería decir «estar conectada». Básicamente, cuando era jueves, me daba seguridad saber qué iba a hacer el viernes, el sábado y el domingo.

Eso es una forma de control, supongo que ya lo sabes. Es intentar tenerlo todo atado para no encontrarte sin nada que hacer y entonces sentirte mal (o mejor dicho, fatal, porque la soledad no sabes cómo gestionarla bajo ningún concepto). Como comprenderás, ante este sistema tan rígido de organizar mi tiempo libre, puedes deducir que en muchisisisisimas ocasiones elegía cosas que en realidad no elegía de corazón. Básicamente porque me obligaba a mí misma a ocupar a toda costa mi tiempo.

Recuerdo veranos con muchos planes. Incluso veranos en los que cogía tres vuelos. Y es lo típico que cuando le contaba a la gente qué planes tenía, me respondían con un «Qué guay... No paras, eh».

Y ya sabes que hoy en día, la frase «No paras, eh» se ha convertido en un cumplido. Como si en esa frase te quisieran hacer saber que tienes una vida cool, envidiable, llena de planes y de satisfacción.

Pero ¿sabes qué? No tiene por qué ser así.

De hecho, si miro retrospectivamente, habría muchas escapadas a lugares y con personas que ahora no haría. Pero mi yo del pasado prefería eso a la nada.

Y hay una verdad como un templo: cuando empiezas a conocerte y a serte fiel, por el camino y hasta que no encuentras tu lugar, puede que te sientas sola mientras vas soltando lo que sientes que no va contigo.

Es imposible que mientras vas soltando lo viejo, al día siguiente tengas lo nuevo esperando en la puerta de tu casa. La vida no funciona así. Y esos momentos de *in pass* en los que te recolocas, ufff, son duros, la verdad. Si sabes de lo que te hablo, me entenderás.

Pero sinceramente valen la pena.

Antes apreciaba mucho la adrenalina, la euforia y la felicidad en estado puro. Y ahora, será que me estoy haciendo mayor, valoro mucho, pero mucho mucho, la calma.

No quiero subidones si después hay bajones. No quiero sexo que me eleve al cielo si luego me siento poco respetada o vacía. No quiero planes con multitud de gente si luego no siento que nos una nada más que un plan que queda bien en la foto. Tal vez un día sí, pero no mucho más.

No te lo vas a creer, pero este es el primer verano que no he planeado cosas. Tal vez para ti el no planear forme parte de tu día a día, pero no del mío. Y por eso lo vivo como una bonita nueva etapa. Puede que no surja nada o puede que sí. El tema es que me apetece elegir cosas desde el deseo y no desde el miedo. Que si me compro un billete de avión con alguna persona sea porque me suma, me apetece y me hace vibrar. Y no porque si no lo hago y «no espabilo», tal vez me quede sin «nada que hacer» en verano. Como si fuera obligatorio planificar esos findes que se supone que te tienes que ocupar.

¿Sabes qué? Cuando lo tienes todo ocupado, no hay margen para la improvisación. Ni tampoco hay margen para que la vida se dé, fluya y te sorprenda. O incluso tampoco hay margen para preguntarte qué te apetece hacer hoy. Porque, claro, ya está estipulado.

Así que me siento relajada contándote esto. Y me gusta.

Me parece algo sencillo. Como lo es la vida en un pueblo (aunque si me conoces un poco, ya sabes que soy una urbanita empedernida).

Pues eso, quería explicarte este pequeño gran avance para mí. Por si a ti también te inspira.

Y recuerda, el verano no es lo que te han dicho, el verano es lo que tú quieres que sea.

Es tuyo.

@programamia

Lo planificaba todo.
Así no había espacios en
blanco en los que encontrarme
conmigo.
Ni tampoco en los que pasara
algo sorprendente.

@programamia

33

Tu vida es lo que ocurre mientras te la pasas buscándola

@programamia

Querida mía,

¿No te parece que ejerce demasiada presión el término «para siempre»?

Te explico, jeje. Puede que así no me acabes de entender. Me refiero a la exigencia que genera que esa pareja con la que compartes tu vida o que quizá estés esperando funcione «para siempre». E igual con esa casa que quizá planeas comprar o incluso con tu círculo social. ¿Y qué pasa si de repente esa casa que has comprado ya no te mola? ¡¿Tan grave es?!

Ejemplo práctico e ilustrativo: una pareja acaba su relación y alguien cercano le pregunta a ella:

—Ostras, lo siento mucho... ¿Qué ha pasado?

—No ha funcionado...

Pero lo que no te cuenta esta mujer morena con el pelo rizado es que se ha pasado dos años de coña, ilusionada, disfrutando, haciendo planes y construyendo proyectos con su pareja antes de que llegara el declive. Entonces, cuando te dice «No ha funcionado», lo que te transmite es que ha ido mal. Y cuando dice mal es porque contempla la vida como algo finalista.

Con esto no quiero decir que esté en contra de las cosas que duran muchos y muchos años o incluso toda una vida. Si así es, ¡me encanta! Aunque si no, también. Y me niego a pensar que algo no ha funcionado simplemente porque en el último año vuestros proyectos de vida, afinidades e intereses han ido hacia direcciones opuestas.

Me acuerdo de mi primer novio. Fue mágico y no lo cambiaría por nada del mundo. Estaba tan enamorada... Y tenía cero resistencias y/o heridas acumuladas que me repercutieran en esa relación. Se lo daba todo. Es más, tiraba de él constantemente, yo era su guía, su sostén y la que le encarrilaba. Pero poco a poco me fui cansando.... Necesitaba un hombre hecho y derecho del que no tuviera que tirar. Así que acabamos dejando la relación.

¿Funcionó? SÍ (además en mayúsculas). Funcionó hasta donde tenía que funcionar y luego, para que cada uno siguiera funcionando por derroteros distintos se tuvo que acabar. Pero a mí nadie me va a quitar los tres años de idilio que viví a su lado. Ni tampoco el maravilloso aprendizaje de que no soy la madre de nadie (de mis hijos, si algún día los tengo, eso sí).

¿Sabes por qué te cuento esto? Porque siento que nos pasamos media vida buscando algo que funcione. Y que funcione (en nuestra cultura ya sabes que eso es que sea para siempre). Y de tan tan bien que pretendemos buscar eso que funcione, te vuelves obsesiva, te ansias, te estresas y sobreanalizas porque, claro, no puedes quedarte con algo que no sea lo definitivo.

Total, que la vida es lo que te está ocurriendo hoy mientras tú te dedicas a buscarte la vida definitiva.

Pero ¿sabes qué? No hay nada definitivo. Y que así sea no lo convierte en algo malo. Porque toda la vida es un «mientras tanto».

Tu casa, tus amistades, tu trabajo o incluso tus parejas sentimentales... Lo que seguro que siempre será así es tu familia. Y, ojo, eso no quiere decir que siempre siempre vayas a tener el mismo tipo de relación con cada miembro. Tal vez sí o tal vez no.

Pero ¿sabes que? Está bien. Y me libera pensar que en cada momento de tu vida vas a proveerte del entorno que en ese momento te encaje.

Tal vez no pienses como yo y estará también bien.

Pero yo me he cansado de esta búsqueda incesante de una vida para siempre, porque la vida es lo que está pasándote hoy mientras estás buscando incesantemente aquella VIDA en mayúsculas que crees que será la apropiada para ti y para siempre.

Querida, con esta carta me despido de ti hasta septiembre. Espero y deseo que sigas ahí después del verano y que pueda compartir contigo todo lo que he vivido. Mandarte estas cartas ha sido precioso para mí. Te siento cerca, intimo, me inspiro y ordeno y si a ti también te vale, yo soy feliz.

Te mando un abrazo gigante y recuerda: tu vida está ocurriendo ya. Esta es la definitiva en el momento presente. Mañana, quizá sea otra.

@programamia

Escoger bien.
Tan tan bien como para
que dure para siempre.
Y poderte relajar.
Como si ya estuviera
todo hecho.
Pero hasta lo definitivo es
un «mientras tanto».

¿En busca de lo definitivo y para siempre?

Yo también he tenido esa fantasía. La de creer que una vez «colocada», encontrando a «esa persona» y estableciendo un proyecto con ella, ya me podría relajar.

He tenido tantas veces la sensación de estar a base de ensayo-error, ensayo-error, que me agotaba.

Quería poderme relajar.

La sensación era la misma que cuando te vas de viaje y te pasas 20 veinte horas entre taxis, vuelos, ferris... Y, por fin, al cabo de un largo trayecto, llegas a ese lugar idílico, descargas las maletas y te das un baño.

Ohhhhhh, ¡qué placer! Es como decir: «Ya está, ¡ya era hora!». Y sientes que ya está todo hecho.

Y por eso te frustra tanto cuando conoces de nuevo a alguien y otra vez te das cuenta de que «no es la persona». Es como si, de nuevo, te visualizaras en ese trayecto tan largo, con las maletas *pa'rriba* y *pa'bajo*. Cuando lo que quieres es llegar a tu destino y quedarte sin nada más que hacer.

Pero por suerte o por desgracia, la vida no es eso. Sé que te encantaría acomodarte y que no hubiera cambios que te perturbaran.

También sé que te gustaría quedarte en un estado de bienestar permanente al lado de personas o de cosas que te asegurarán calma y plenitud siempre y todos los días.

Yo también creía eso. Y envidiaba tanto a las personas que ya estaban «colocadas»...

Por momentos pensaba que no experimentaban mi fatiga por el continuo ensayo-error, ensayo-error.

Pero ¿sabes qué? Nada es definitivo. Y cuando te pasas media vida buscando lo que sí que lo es y fantaseando con que cuando lo encuentres, ya te podrás relajar, te das cuenta de que la vida es eso, constante cambio, evolución y readaptación.

Porque eres un personaje redondo. Y tampoco quieres dejar de crecer.

¿De verdad creías que casarse ya era como deshacer las maletas después de ese viaje transoceánico?

Y te das cuenta de que esa fantasía nace de tu necesidad de control. De tenerlo todo atado y así confiar en que nada cambie para sentirte a salvo. Pero un día asumes que la vida es incertidumbre y cambio.

Y te dejas de resistir.

Y también de idealizar los «para siempre».

Porque lo único que sabes ahora es lo que hoy necesitas.

Y lo que hoy necesitas, mañana, quién sabe.

¿Qué necesitas ahora que ocurra en ti para sentirte feliz y en paz?
Quizá estés tentada a responder enumerando aquello que deseas tener, pero me gustaría que te enfocaras en lo que quieres SER.

34

Cuando necesitas recabar información de su ex

Querida mía,

¿Qué tal te han ido estos días? ¡Yo ya estoy de vuelta! Y con unas ganas locas de hacerte llegar lo que me ha rondado por la cabeza este verano y lo que sigue haciendo chup-chup dentro de mí.

La verdad es que el verano ha ido guay y tengo buenas reflexiones sobre ello, pero hoy necesito hablar sobre otra cosa porque me hierve la sangre ahora mismo y porque todo lo que escribo me tiene que salir sí o sí del corazón para que esta carta llegue al tuyo. Entiendes lo que te quiero decir, ¿no?

Resulta que ayer publiqué un pódcast titulado «Por qué acaban con otra y no conmigo». Y esta mañana me he levantado y he visto que el dichoso pódcast tenía una cantidad de reproducciones estratosférica. Lo cual me encanta, pero a la vez me preocupa. Ahora entenderás el porqué.

A todo esto, he recibido un mensaje privado que decía «Hola, Sandra..., ¿sabes más o menos por qué a las mujeres nos gusta saber sobre las ex de nuestros novios (tipo cotilleo y para conocerlos mejor) y a los hombres no les interesan mucho estos temas?».

Solo te digo que se me han pasado doscientas cosas mientras leía este pequeño mensaje de tres líneas e intentaré resumírtelas.

De verdad te digo que estoy segura de que muchos hombres tienen esta misma necesidad y no considero que sea un tema de género, sino que tiene que ver con algo más profundo.

Cuando tú tienes tanto interés en saber cómo han sido y son las ex de la persona que te interesa, es que hay una necesidad de compararte con ellas. El tema es ¿por qué? ¿Por qué necesitas saber cómo son y qué hacen con sus vidas? Tengo la sensación de que este modo «espía de ex» se triplica si la persona que te interesa no acaba de mostrar esa reciprocidad que te gustaría. Entonces mayor es esta tendencia a compararte con aquellas otras mujeres a las que SÍ ha elegido. Y de repente te das cuenta de que incluso tiendes a idealizarlas. E irremediablemente, y tal vez sin darte cuenta, te sientas menos. Y por eso inviertes tu tiempo en averiguar qué narices tienen de especial para «cazar» al que a ti te parece «el incazable».

—Sinceramente no entiendo qué le veía a esta tía, si se la ve superartificial. Además, ¿dónde me va con esos modelitos?

—Tía, le das veinte vueltas a esa. Flipo que estuviera con ella...

Y, de repente, este tipo de conversaciones en las que tú te colocas por encima de esa mujer a la que no conoces denota que tal vez no tengas la confianza y la seguridad de ser igual de digna, merecedora de amor y valiosa que ella. Tu amiga, que te quiere, tal vez no encuentre otro modo de hacerte sentir especial que elevándote a ti mientras que tira por tierra a la que sí eligió el susodicho que ahora te interesa.

Pero ¿sabes qué? Con los años me he dado cuenta de que las peleas de gatas son un reflejo de la competitividad que generamos las unas con las otras con tal de ganar el «valioso premio». Y ¿sabes cuál es el «valioso premio»? Ese hombre por el que nos comparamos hasta descubrir qué necesita ver en nosotras para enamorarlo.

Y siento rabia. ¿De verdad nuestra misión es enamorarlo? ¿De verdad para lograrlo tenemos que ir recabando pruebas para saber qué nos sobra y qué nos falta para modelarnos según lo que a él le cautive y que así le compense estar con nosotras?

Te prometo que es algo muchisisisimo más sencillo. Que no hay que hacer de inspector Gadget. Que tú no eres ni mejor ni peor que ellas.

Que basta ya de pretender resolver esa inseguridad comparándonos y situándonos por debajo o por encima y pretendiendo que él nos elija. Que no va de esto, de verdad. Te lo prometo.

Estoy segura de que alguna mujer a la que tal vez ni siquiera conozco, en algún momento de su vida, me ha idealizado simplemente porque el hombre que le interesaba decidió en su día estar conmigo, sin que yo le forzara a nada. Puede que incluso viera mis fotos en Facebook o recabara información sobre mí intentando averiguar qué halo de misterio desprendía yo para conseguirlo.

También yo he estado en esa situación, preguntándome de forma racional qué le podía ofrecer esa mujer que yo no.

—¿Y por qué a ella y a mí no? ¿Qué tiene que yo no?

Y ¿sabes cuál es la respuesta?

NADA.

Ella es otra persona, con otra historia y en otras circunstancias.

Y puede que hoy, alguna mujer, que no acaba de confiar en su valor, esté preguntándose qué tienes tú para haber «conseguido» al que a ella se le resiste hoy.

¿Sabes? Al fin y al cabo, ella es una persona, como tú.

Y tu misión, al igual que la de ella, no es enamorar a nadie.

Eso no te hará mejor, ni tampoco peor si no ocurre.

@programamia

¿Cuándo fue la última vez que hiciste de salvadora de alguien? Pretendiendo hacerle cambiar su manera de ver el mundo o sus sentimientos. Tal vez incluso intentando ser la lección que necesita para desbloquear sus miedos o historias no resueltas. **Escribe con detalles qué hiciste para recordarte que esa no es tu función.**

¿Qué pasaría si asumieras que no se va a enamorar de ti todo el mundo de quien tú sí te enamoras?

«Es un inmaduro».

Tal vez, pero igual no y puede que no se haya enamorado. Como tú no lo hiciste de muchos otros hombres adorables.

Tu misión no es enamorar(le)

El otro día, al acabar de grabar el episodio del pódcast «¿Por qué acaban con otra y no conmigo?», me asaltaron las dudas. Me daba miedo publicarlo por si hería tus sentimientos, Mia.

Te cuento más para que me entiendas.

Es habitual que entre nosotras nos digamos que él es inmaduro, que no está preparado, que le ha venido grande, que se ha abrumado por la mujer que eres... Y sí, eso es cierto. A un hombre que está «a medio hacer», obviamente no le va a vibrar estar con una mujer «muy hecha». Además, es inconsciente y por muy buena que seas, ese *feeling* que hace que nos enamoremos, puede que no surja.

Entonces empezamos a elucubrar y a hacernos mil teorías del porqué no ha querido avanzar en la relación como tú sí que hubieras querido.

Pero Mia, ¿qué pasaría si asumieras que no se va a enamorar de ti todo el mundo de quien tú sí te enamoras?

Quiero decir, que a veces, por infinidad de motivos, esa persona no se va a enamorar: ya sea porque no está preparada, porque no es su momento o porque no le llena lo que está viviendo contigo.

¿Te imaginas que el hecho de que no se enamorara no fuera un atentado hacia tu valor?

¿Te imaginas un mundo en que asumiéramos que al igual que tú no te vas a enamorar de todos los que de ti sí, también ocurre viceversa?

¿Te imaginas un mundo en que no fuera un reto «enamorarle»?

Simplemente porque asumes que no es cosa tuya.

Y que tú, Mia, no has venido a este mundo a convencerle de nada.

Y puede que eso que quieres que sienta por ti y que además te esfuerzas en provocarle, lo sienta por otra porque hay 1000 factores inconscientes e incontrolables que lo determinan y no tienen que ver con el valor que tú tienes.

El día en que dejemos de relacionar cuánto valemos según cuánto nos escojan, ese día será grande. Muy grande.

Y ese día, cuando digas que él no sentía lo que tú sí, aunque no te guste, no te destrozará el alma.

Que no Mia, que «enamorarle» no te convierte en más. Ni «no lograrlo» en menos.

Fin.

 ¿POR QUÉ ACABAN CON OTRA Y NO CONMIGO?

@programamia

35

Cuando tu entorno social no es para tirar cohetes

@programamia

Querida mía,

Si te soy sincera, veo mucha necesidad de tener pareja. Y, ojo, no quiero demonizar el hecho de desear conectar con alguien, sumaros, ir hacia la misma dirección y compartir. De hecho, me gusta mucho que te atrevas a decir (si es el caso): «Sí, me gustaría compartir con alguien especial para mí y que yo fuera especial para él». Que de tanto ensalzar la soledad, nos hemos pasado de rosca y hasta parece un crimen pronunciar frases como esta.

A lo que iba, siento que hay necesidad y mucha de encontrar a ese alguien. Está más que claro que hay un imaginario colectivo que aprieta desde hace años con un modelo normativo de lo que es el estado ideal y de plenitud: estar en pareja. Entonces tú, como deseas ser feliz porque ese es el último fin del ser humano, asumes que compartiendo con ese alguien, llegarás a sentirte así, feliz. Y puede ser que sí o puede ser que no.

A veces hablo con personas que cumplen con ese modelo normativo de felicidad que la sociedad nos ha pautado y, la verdad, no los veo felices. Y a otros que cumplen con ese modelo, que sí lo son. Al igual que otros que se han creado su propio modelo se sienten radiantes y otros, sin embargo, están hundidos en el pozo. Ya sabes, de todo hay en la viña del señor.

Pero hoy no te vengo a hablar de eso, sino de algo que creo que nos hace falta ensalzar hoy en día. El otro día puse en mis stories de Instagram una especie de quiz para saber cómo se sienten las mujeres de nuestra comunidad.

Las preguntas eran:

— ¿Te sueles sentir sola?

— ¿Sientes que tus amigas históricas (las de siempre) están haciendo su vida y te sientes algo fuera?

— ¿Sientes que necesitas conocer a otras mujeres que estén en tu onda y nutriros mutuamente?

— Con las personas que solías o sueles quedar, ¿ya no notas esa conexión de antes?

— ¿Quieres hacer planes guais con mujeres guais porque te llenan y no para ocupar tu tiempo sin más?

Pues bien, mi sorpresa fue que las respuestas afirmativas a todas estas preguntas eran de alrededor de un 80 por ciento. ¡Nada más y nada menos! ¿Y cómo con estas cifras no vamos a ir a la desesperada buscando conectar emocionalmente con ese alguien? Te cuento esto porque siento que muchas veces, cuando buscamos pareja, en el fondo buscamos afecto. Al igual que muchas veces buscamos afecto a través del sexo y a través de él, conectar y sentirnos queridas.

El otro día me inspiró mucho Brigitte Vasallo en su libro *Mentes insanas. Ungüentos feministas para males cotidianos*. Explicaba que muchas veces esa intimidad y conexión la podemos encontrar compartiendo con una amiga. Pero a veces vamos a buscar aquello que necesitamos (afecto) a través del único agente que nos han dicho que nos lo podía ofrecer (un novio).

¿Te imaginas tener una red social con la que conectaras? ¿Con la que sintieras que eres especial e importante? Una tribu en la que tus necesidades afectivas estuvieran cubiertas porque te sientes en la misma sintonía, habláis el mismo idioma, crecéis a la vez y os aportáis unas a otras.

Y no, no te hablo de esas personas que han estado históricamente en tu vida y que a día de hoy conservas porque les tienes aprecio, pero que sientes que no estáis en la misma onda.

@programamia

Y sí, vas quedando con ellas, pero te das cuenta de que no te apetece tanto o de que las que sí que te aportan están haciendo su vida. Y tú, obviamente, no te sientes suficiente nutrida con un encuentro de dos horas cada mes. ¡Obvio! Porque, quizá, para ellas la prioridad no es la misma que para ti, y estáis en tónicas diferentes. Y eso no es malo.

Solo que esa sensación de que perteneces (de que te tienen en cuenta, de que compartes con mujeres que tienen las mismas ganas que tú, y con las que sientes además que crecéis juntas) ¡es un real chute de afecto!

Y te prometo que ese afecto que a veces se relega a la pareja existe en otros lados.

Eres humana y quieres conectar, pertenecer y sentirte arropada. Yo también.

Solo que nos han hecho creer que cuando ese entorno no es lo que necesitamos o todos están «colocados», tu *leitmotiv* debe de ser encontrar pareja. Y si aparece, tenla, pero ese afecto tan bonito y necesario también reside en otros lados.

¿Me dirás que hemos normalizado ligar por Tinder pero no hacer amigas online? No tiene sentido.

Y todo esto de lo que te hablo es algo que me hubiera encantado encontrar a mí hace unos buenos años.

Quiero crecer, quiero conectar, quiero nutrirme de mujeres a las que admire y que me aporten y quiero sentirme parte. Eso es amor del bueno y, además, está en mi mano.

«Quiero hacer amigas. Aunque no sea nueva en la ciudad. Compartir. Y divertirme con ellas». Y dejó de usar Tinder a la desesperada.

Buscar amigas no es de colgadas

¿Has tenido amigas que quedaban bien en la foto? Pero solo en la foto.

Como cuando eras adolescente y parecía que solamente te pudieras juntar con personas de tu misma tribu urbana. Ya sabes, como la típica peli americana en la que en el comedor, los grupos están megafragmentados y que es de cajón quién va con quién.

Y, ¡ojo!, no está mal que entables una amistad con personas parecidas a ti. Al fin y al cabo, las similitudes nos unen.

Te hablo de cuando no hay una verdadera conexión a nivel de alma. Y son tus amigos porque «quedan bien en la foto» o, para hacer bulto y ocuparte el tiempo libre. O tal vez en el pasado sí que había esa afinidad, pero ahora ya no.

¿El porqué? Quizá hayáis evolucionado en direcciones distintas. Y eso también está bien.

Lo que no siento que nos haga bien es quedarnos porque históricamente son las personas con las que siempre hemos compartido.

O que solo te parezca factible ligar por Tinder para buscar ese soplo de aire fresco.

¿Tan raro es que queramos hacer nuevos amigos?

Es que apetece, ¡joder! Es como estrenar unos zapatos nuevos. Te nutre, te motiva, te ilusiona y te hace feliz.

Lo sé, aún llevamos dentro a aquella adolescente algo acomplejada que teme que los demás crean que no tiene amigos o que está colgada.

Entonces te tienes que inventar las mil y una para sentir conexión humana y compartir con gente nueva.

Apuntarte a cosas para ver si, de rebote, haces amigos (aunque sea en actividades o cursos que no te acaban de convencer).

Ser extranjero y entonces sí poder buscar amigos porque parece que sí que está justificado si eres nueva en la *city*.

Buscar novio porque el finde se te hace muy largo...

Pero ¿qué pasa si soy de Barcelona, llevo 35 años aquí y busco en Google «Nuevas amistades en Barcelona»?

Porque la ciudad y mis días se me quedan pequeños.

Porque mi círculo social no me sigue hacia donde yo querría.

Porque quiero compartir y aprender cosas y rodearme de gente afín a mí (afín de alma).

Dime, ¿qué pensarías de mí si tuviese estas inquietudes?

Me encantaría saberlo.

Hace unos años, ligar por una app era de *matao*.

Pero ¡ahora ya no!

Al igual que querer hacer amigos nuevos.

Ya no es de matao, es de ser líder de tu vida.

De querer vivir intensamente compartiendo con personas *high level*.

Pues esa soy yo.

36

¿Los tíos se acojonan contigo?

Querida mía,

Hoy quiero contarte un cuento.

Érase una vez una mujer que parecía un cañón de mujer, fuerte, inteligente, autónoma, potente, de esas que se comen el mundo y que incluso despiertan envidias. A la que las cosas le salen bien porque tiene talento y porque se lo curra al máximo. Y esa mujer pisaba fuerte, muy fuerte.

Tanto que a veces sentía que algunos hombres, hablando claro, se acojonaban estando con ella. Básicamente porque no reflejaba inseguridad ni miedos. Y era tan y tan independiente, que pocos sospechaban que tuviera un lado tierno o que necesitara ser cuidada. Ya sabes, a veces te esmeras tanto en darte lo que necesitas, que los de tu alrededor se llegan a creer lo mismo que tú misma te has intentado creer durante años y años: que tú sola te bastas y te sobras. Y desde ahí, darte el lujo de recibir se te complica. Te lo juro.

Pero esa mujer, antes de ser una mujer, fue una niña. Una niña que aprendió que tenía que comerse el mundo, ir a por todas porque el mundo era solo para valientes que lo daban todo. Es decir, aprendió a competir. Si solo había lugar para unas pocas, se lo tenía que ganar a pulso.

Ya sabes, si te dan a escoger entre ser debilucha y depender de alguien o ser una guerrera, seguramente tú también te quedarías con la segunda opción. Al menos yo lo haría.

El caso es que no le contaron la cara B.

Ni que había más opciones que esas dos.

Ni que tenía que negar una parte de ella misma para seguir adelante.

Ni que debía esconder su parte más tierna, amorosa y emotiva.

Lo que le contaron fue que todo lo que tuviera que ver con esa energía femenina era una señal de peligro. Y que ablandarse la llevaría a perder la batalla, a que le pasaran la mano por la cara y a sentirse como una real mierda.

Y sí, yo también he usado ese recurso para sentirme fuerte.

Pero ¿sabes qué? Que se equivocó ella y me equivoqué yo. ¿Sabes la de mujeres que se sienten incompletas porque se han cargado esa parte de ellas mismas? Su energía femenina, llena de creatividad, de intuición, con una capacidad natural para cuidar, para dar, pero, sobre todo, también para recibir.

¿Cómo vamos a recibir si somos como guerreras todopoderosas y omnipresentes con corazón de peluche?

¿Sabes? Para que te quieran cuidar y abrazar, deben sentir que ese cuidado y ese abrazo los vas a recibir con los brazos abiertos. Y que sí, que tienes un corazón de peluche, pero ¿quién lo sabe?

¿Tú le darías un abrazo cálido a una persona que va de culo, que se basta y se sobra y que no te muestra un ápice de vulnerabilidad?

Quizá estés pensando que sí, pero yo estoy segura de que lo harías con muchas menos probabilidades.

Ya está bien, ¿no?, de que estemos en plena batalla campal, peleando como leonas.

Tal vez a ti te pase como a esa mujer y creas que este mundo está hecho para eso, para guerreras. Pero entonces ¿cómo puede ser que cada día se pongan en contacto con nosotras mujeres interesadas en nuestro Programa que tienen un súper exceso de energía masculina, que son la reina de las guerreras, pero que no se sienten bien con ellas mismas?

Que sí, que esa energía masculina es necesaria. Y esa parte de acción, de emprendimiento, más analítica, racional, concreta y lógica te ayuda a sobrevivir. Y no quiero para nada que la pierdas, porque si así fuera, tampoco te sentirías en tu lugar. Pero ¿no te parece extraño que sintiendo ese anhelo de amor y esas ganas de que te den, te arropen y te cuiden, no logres transmitirlo?

¿Por qué no dejamos de luchar?

Quizá no hay nada que ganar porque tú ya lo tienes todo. Solo que te has olvidado de esa parte más nutritiva y espiritual que llevas de serie. Y doy fe de que te haces adicta a ese aire masculino porque te hace «sentir a salvo» a pesar de los pesares.

Y sí, habrá hombres a los que aun estando equilibrada en cuanto a masculino y femenino les vendrás grande. Pero si es así, querrá decir que no hay match. Vamos a lo importante...

Imagínate confiar en los demás y poder delegar esas tantas responsabilidades que te pones encima, dejar de pretender hacerlo todo y para ya, darte ese paseo, tomarte la tarde libre haciendo lo que se te antoje, tener un detalle bonito con alguien a quien quieras, pedir ese abrazo si lo necesitas, dejarte cuidar, escribir, cocinar ese plato que se te antoja, bailar con esa canción que te motiva o encontrar ese espacio para darte un baño.

Hazlo. Yo lo haré. Me encanta cuando suelto a la pequeña emperadora que llevo dentro y le digo que ya está bien. Que no hay batallas que ganar.

Es más, rendirse, te prometo que es de valientes.

Con todo, esta soy yo. Y no quiero luchar contra mí.

Un abrazo granDiosa, ojalá estas palabras sean para ti como cuando te untas cremita hidratante por todo el *body* tras la ducha.

Ríndete valiente, ríndete

No pienso venirme abajo.

¿Y parecer que estoy hecha un cromo? ¡Ni hablar!

Y si le veo, una sonrisa en la boca. No le voy a dar el placer de verme hundida.

Y esto día tras día.

Resistiéndote a la rabia, a la tristeza, al anhelo de lo que un día tuviste, al miedo... Y a tantas cosas que sientes y que en lo más profundo de ti deseas expresar y darle voz.

Pero te han explicado tantas veces que.

Rendirse es de cobardes.

Que pase lo que pase hay que levantarse.

Que debes lucir una cara bonita no vaya a ser que parezca que vas como alma en pena.

Y que aguantes y seas fuerte.

Y por esta de mandatos, tú.

Te contienes.

Vas como si estuvieras estreñida.

A la que salta.

Con una apariencia de fortaleza pero con unos arrebatos de inseguridad que detestas.

Que te hacen sentir todopoderosa en algunos momentos, mientras que en otros pareces aquella niña indefensa que un día fuiste.

¡¡¡Y joder!!! Quieres volver a ser tú. Eso te dices.

Lo que no sabes es que.

Necesitas rendirte. Explotar. Darle voz por fin a ese llanto desconsolado, gritar de rabia y abrazarte con fuerza a alguien y repetir que estás harta.

Harta de ti. De no rendirte. Y digo rendirse refiriéndome a esa potente humildad que necesitas para poder sucumbir a tu vulnerabilidad.

Permitiéndote darle voz, sabiendo que esa eres tú. Y que el sufrimiento lo sientes cuando te has resistido durante 5, 10 o 20 años de tu vida a sacar todo lo que te pesa.

Y que «aguantar» duele mucho más que rendirte a lo que sientes.

Sí guerrera. Tal vez hayas sido como un cactus. Puede que punzante pero relleno de agua.

Tal vez necesites aprender que esa guerrera no eres tú sino tu ego.

Ese ego que tanto te ha ayudado a mantenerte a flote. Pero que tal vez ya no necesitas.

Pero ya está bien. Gracias por todo guerrera. Me enseñaste a parecer fuerte, a sostenerme, a tirar adelante sin que apenas nada se tambaleara.

Pero hoy me rindo a mi tristeza, mi dolor, mi inseguridad y mi miedo a no ser lo que esperan de mí. Me rindo. Y que sea lo que Dios quiera. Quiero ser yo, no tú.

Y cuando me dije eso, algo empezó a cambiar.

@programamia

37

Quieres fluir, pero no puedes

Querida mía,

Hoy vengo cargadita de ideas buenas. Resulta que ayer me llegó por Amazon el fantástico libro de Marian Rojas, *Encuentra a tu persona vitamina*, y a pesar de que leí no más de cinco páginas, rápidamente me di cuenta de que esta mujer y yo estamos alineadas y te quiero contar el por qué.

Últimamente tengo la sensación de que se confunde autoestima con que te importe todo un carajo. Como si una mujer empoderada, que sabe quién es y lo que vale, ni sintiera, ni padeciera. Y te lo comento porque he recibido mensajes por Instagram en los que me han pedido restaurar su autoestima para poder sobrellevar una pseudorrelación con un hombre ambivalente (de esos de una de cal y otra de arena). Entonces es en esos momentos en los que me apasiono y me veo obligada a escribir esto.

«Quiero fluir, me gustaría tomármelo con calma y disfrutarlo». Estas son las palabras textuales de uno de los mensajes de los que te hablo.

El caso es que hay algo que no hemos tenido en cuenta. Y es que para fluir, debe existir siempre, pero siempre de los siempres, una condición *sine qua non*: que te encuentres en un lugar seguro.

Un lugar seguro es aquel espacio en el que no percibes amenaza, que te resulta cómodo, en el que intuyes que van a quererte simplemente por ser tú, un territorio en el que no tienes que hacer malabares, ni ocultar cosas para asegurarte el cariño del otro. Eso es un lugar seguro.

Y cuando las personas estamos en lugares seguros, segregamos oxitocina a través de esas relaciones sinceras, limpias y sanas. Y eso nos hace sentir bien y nos llena de vida.

¿El tema cuál es? Que a veces sabemos más que de sobra que el lugar en el que estamos no es seguro y en vez de renunciar a él y sacar a la luz aquel temor, ansiedad e incomodidad que emanamos por los cuatro costados, lo que hacemos es querer segregar oxitocina, aunque el lugar no sea seguro. Y eso, mi querida, no lo he visto en ningún lado.

Que conste que me encanta que mires hacia dentro y trabajes la percepción que tienes de ti misma y el valor que te das. Pero, por mucho que tengas de todo eso, no vas a estar a gusto en un lugar que no es seguro. Y no solo te hablo en el terreno del amor, sino en cualquier tipo de relación.

¿Acaso te resulta fácil sentirte en calma y relajada en un clima amenazante y de tensión? Te puedo asegurar que si no te encuentras en un lugar seguro, es complicado que puedas ser tú. Porque te estarás midiendo todo el rato, intuyendo qué es lo que el entorno espera/desea que seas/hagas. Y cuando nos sentimos como en un examen, pfffff, nos agotamos.

¿Sabes la típica persona a la que le cuentas cosas normales y, sin embargo, lo vives como una amenaza constante?

Te voy a poner dos diálogos muy simples para que entiendas a qué me refiero:

Ejemplo 1

—¿Pedimos arroz negro?

—Yo comeré rape, me estoy haciendo un blanqueamiento dental y lo prefiero.

—Pero, tía, si ya los tenías blancos. Te obsesionas un poco con el tema…

Seguimos.

Ejemplo 2

—Pues en el afterwork de ayer conocí a un chico que pinta bien, la verdad...

—A verlo...

—Es este. Es alemán, hace un añito que está aquí.

—Sinceramente no sé yo si este tío es para ti.

Entonces, en estos microdesplantes tú te sientes mal, incómoda, te vas cerrando en banda y cada vez tienes menos ganas de compartir. Y ¿sabes por qué? Porque no es un lugar seguro. Porque lo que te lanza tu colegui es una amenaza constante y tus niveles de cortisol se disparan. Y no, no estamos para estresarnos por amor al arte.

¿Sabes la diferencia entre una mujer que se ama y otra que no?

Que la que se ama sabe escucharse y cuando una vocecilla interior le dice: «Ehhh, tú. Sí, sí, ¡tú! Ese lugar no es seguro», coge y se distancia o se retira. Simplemente porque quiere lo mejor para ella y va a elegir no exponerse reiteradamente a un entorno que le impide ser ella misma, que la coarta y que la agarrota.

Pero, por desgracia, la mujer que no se ama probablemente va a dudar de lo que siente y lo pondrá en tela de juicio.

«Es que yo también... Le doy demasiada importancia a todo. Tendría que pasar más de todo».

¿Pasota para qué? ¿Para aguantar carros y carretas? ¿Para que te parezca seguro lo que no lo es?

Es como decir que quieres beber lejía y que te siente bien y culpes a tu estómago de no ser suficientemente fuerte.

Y esa misma mujer, en vez de validar eso que sus entrañas le están diciendo a gritos, se obligará a encajar y a estar a gusto en un lugar que no es seguro.

Y tal vez, por eso, se lastimará. Y acabará concluyendo que no puede fluir.

Y ¿sabes cuál será la verdad?

Que sí que puede. Solo que ha elegido lugares que no son para ello.

Escoge bien, mi querida. Sé tiquismiquis, que no te dé corte. Que cuando algo incomoda, es que tal vez sea incómodo.

Un abrazo calentito y seguro, mi GranDiosa. Ojalá encuentres lugares en los que poder ser tú. Para mí, estas cartas que te mando semanalmente, lo son.

¿TE MARTIRIZAS POR NO SENTIRTE SEGURA EN ESA RELACIÓN? ESTO ES PARA TI.

Autoestima no es estar bien
en un lugar no seguro.
Autoestima es irte porque
no lo es.

Piensa en una relación que tengas en la actualidad (de pareja, de amistad, de familia, ¡de lo que sea!) que sea un lugar seguro para ti. **¿Cómo eres tú en ese lugar seguro que no seas en otros que no te hacen sentir a salvo?**

La autoestima no es un jarabe que te anestesia de todo mal

Ufffff, te das cuenta de que no es normal cómo te sientes.

Y de que necesitas quererte más.

Que no, que no es normal que gastes tantísima energía en algo que no deberías.

Y sueñas en ese día en que te sientas segura de ti misma y que te resbale todo.

De hecho, con seguridad en ti te visualizas pasando del móvil, sin prisas por recibir ese mensaje y sin ansiedad por saber hacia dónde os va a llevar todo lo que estáis empezando.

Pero la realidad no siempre es esa.

Y mira que nos dedicamos a ayudar a mujeres a que se quieran a través de nuestro maravilloso Programa. Y, de hecho, no te negaré que las mujeres que salen de nuestra terapia grupal experimentan los efectos que tantas ganas tienes de que lleguen.

Pero hay algo que es muy cierto. Y es que lo que ahora te genera malestar, no se te pasa con autoestima.

Porque la autoestima no es un jarabe que atenúa tus rayadas y hace que se vuelvan invisibles como por arte de magia.

La autoestima implica escucharte. Subir los decibelios de tus emociones y darles espacio para ser tenidas en cuenta.

Es como si en lugar de machacarlas y decirles: «Callaos ya, joder», les dijeras: «¿A ver, a ver? ¿Me estáis queriendo decir algo? Vamos a tomarnos un cafetín mientras me contáis con más calma».

Entonces te tomas un café contigo misma y te das cuenta de que te sientes mal. Y que ese «mal» se llama tristeza.

Y además te das cuenta de que tienes motivos de sobra para sentirte así.

Porque esa persona no te está haciendo sentir especial.

Y, jolín, tú te mereces estar compartiendo tu tiempo con alguien que te haga sentir especial.

Y te das cuenta. Y no, no es culpa tuya.

Y no quieres sentirte así con nadie. Porque aunque te guste esa persona, lo que te hace sentir no.

Y decides hacer algo bonito por ti. Porque te sientes importante y valiosa.

Y porque sientes que ese no es tu lugar.

Entonces, no te la resbala no ser su prioridad. De hecho, te duele. Y mucho. Y como sabes que te mereces mucho más, te importa.

Y como te importa, haces algo con eso que sientes.

Y tomas una decisión que te hace estar más triste.

Pero en el fondo de tu corazón te llena de amor por haber apostado por ti y por lo que te mereces.

38

Cuando te atiborras a ver vídeos esperando un milagro

Querida mía,

¿Tú también eres de las que cuando se sienten mal se meten en YouTube y buscan ese vídeo milagroso que te ayude a sentirte mejor?

Quien dice vídeo, dice pódcast o dice meterse en Google y escribir literalmente aquello que te preocupa, véase:

—Siento que no encajo

—Cómo combatir la soledad

—Cómo saber si está interesado en mí

Podría alargar la lista, pero ya sabes por dónde voy.

Yo lo he hecho. Es más, lo hago a día de hoy. Y luego me doy cuenta de que me estoy yendo. Te quiero explicar bien esto porque, por lo menos a mí, entenderlo me ha llevado años.

Resulta que estamos supercómodas manejándonos desde el coco.

Parece que todo lo tenemos que entender, racionalizar, pasar por la mente...

Y pensamos que viendo doscientos vídeos o escuchando trescientos pódcast, vamos a lograr la solución mágica. Que no te digo que no, ojo. De hecho, ha habido vídeos que me han hecho hacer un cambio de chip muy potente. Y a diario recibimos mensajes de personas que todavía no se han apuntado a nuestra terapia grupal y nos cuentan que son otra versión de sí mismas solamente con todo el contenido gratuito que compartimos.

Pero dime, ¿qué haces cuando estás mal? Cuando te sientes sola, cuando te sientes rara o alejada de la mano de Dios, cuando te sientes rechazada o poco importante.

Yo me suelo ir a la mente. Y empiezo a darle al coco como una lavadora centrifugando. Como si repasando los hechos y analizando si es manía mía o no y si tengo motivos para sentirme así o no, esa sensación se fuera a esfumar.

Y digo yo, ¿qué más da si tienes motivos o no para sentirte así? El caso es que ya lo estás sintiendo. O sea, que sí, efectivamente, es lícito que te sientas así porque tu cuerpo ya lo está experimentando. Entonces ¿qué haces para sentirte mejor?

Quizá hablarlo. Y quizá cuando ese alguien que es tu confidente te intenta consolar, no siempre te sientas mejor.

¿Y sabes por qué? Porque estás resolviendo con la cabeza algo que sale de tu corazón.

Porque te estás yendo de eso que sientes. No quieres sentirlo. Pero entonces ¿quién se hace cargo de tu emoción? Ni el tato. Nadie te pone la manita encima y te dice: «Te escucho... Tranquila, estoy aquí contigo, no me iré».

Últimamente estoy poniendo en práctica algo. Consiste en parar y poner atención a cómo me siento. Sí, sí, parar antes de ir a la ducha por la mañana, en medio de mis quehaceres en el trabajo o cuando voy de camino a mi coworking. Cierro los ojos y simplemente me concentro en mi cuerpo. A veces, cuando hago eso, me doy cuenta de que tengo una presión en la garganta o que tengo un motor dentro de mí. Y antes de parar, ni siquiera lo sentía. Y eso me preocupa. Imagínate si no paras nunca y estás constantemente haciendo, racionalizando, viendo vídeos... ¡*Danger*!

El tema es, si cuando estás triste, ansiosa, te sientes vacía o hecha polvo, ¿tú sueles parar, cerrar los ojos, concentrarte en lo que sientes y en la parte del cuerpo en que lo sientes?... ¿O más bien te vas? Y cuando digo que te vas, me refiero a que te vas a la cocorota. Entonces sí, estás en el plano mente-acción. Ayyyyy, como nos gusta estar en este plano que nos resulta tan cómodo. Nos hace evadirnos y hasta sentir que nos estamos haciendo cargo. Es nuestro pan de cada día. Supongo que la sociedad nos lleva a esto, a buscar fuera, a contrastar información, a resolver, y cuanto más rápido mejor. ¿Te suena? Yo soy la reina del plano mente-acción. Y la verdad, no me siento orgullosa de ello.

Pero ¿qué hay del plano cuerpo-emoción?

Porque cuando estás viendo ese vídeo o pasándole el parte a tu amiga ya estás fuera, y no estás acogiendo eso que sientes, ni calmándolo desde el mismo lugar desde el que proviene, tu cuerpecito querido.

Ya verás, cierra los ojos por unos instantes y observa tu cuerpo. ¿Qué notas?

El otro día estuve en una charla de emprendedores y uno de ellos decía: «No me gusta tomar pastillas para el dolor de espalda porque quiero darme cuenta de ese dolor y atenderlo».

Pues de eso te hablo.

Todavía recuerdo a una mujer que entró en nuestro Programa y cuando todavía faltaban dos semanas para que se iniciara la terapia grupal, nos preguntó: «¿Cómo puedo adelantar mientras tanto? ¿Tenéis vídeos adicionales o algún libro para que me vaya leyendo?».

Y ¿sabes lo que le contestamos? Que dejara de hacer para así acercarse un poco más a lo que durante años estaba tapando con la acción.

Siento ser una aguafiestas haciéndote saber que no siempre que crees que te estás haciendo cargo, realmente te estás haciendo cargo.

Te lo dice una que está infinitamente más cómoda leyendo que meditando.

Sin más, ¿por qué no vamos hacia dentro estos días? ¿Por qué no buscamos esas respuestas en silencio y cerrando los ojos? Yo lo haré. ¿Me acompañas?

@programamia

Suena a topicazo, pero te juro que es una gran verdad.

Un abrazo fuerte, GranDiosa. Menos es más, te lo prometo.

- -

Era la más sabida en
crecimiento personal.
Y la mejor consejera.
Pero seguía sin sentirse
poderosa.

Cierra los ojos y simplemente observa todo tu cuerpo. Date unos minutos para darte cuenta de qué sientes, dónde lo sientes, qué forma tendría si se pudiera tocar, que color, qué tamaño y qué olor. **Y después, dale espacio a esas sensaciones escribiéndolas aquí.**

Analizarse tanto no sienta bien

Te revisas y te das cuenta de que te has pasado los últimos años de tu vida recopilando información sobre lo que te pasa.

Y te lo sabes de pe a pa.

«Es que lo de mi padre me ha generado una herida de abandono importante, de ahí mi apego ansioso».

Y además de saber lo que te pasa a ti, también sabes lo que le pasa a él.

«Él tiene un tema con su madre. Le ha ahogado tanto que rehúye totalmente de cualquier exigencia. Por eso, cuando le hablo de planes a medio plazo, se ausenta...».

Y para más inri, hasta sabes mejor que él qué le ocurre.

«Es imposible que ahora él pueda aceptar que tiene sentimientos por alguien. Si lo de su madre lo resolviera, estoy segura de que llegaría a conectar con sus emociones y fluiría».

Y por momentos te ha hecho sentir a salvo saberlo todo.

Te daba la sensación de que tener teorías sobre ti, sobre tu apego y sobre el suyo, haría que la situación cambiase.

O que pudieras justificarla mejor.

Pero ¿sabes qué? Conocer todo eso no hace que el problema desaparezca.

Saber hablar con lenguaje más técnico, no disipa el dolor. Y tener teorías sobre esa dificultad, no la elimina.

Te diré más, a veces, saber tanto, te desconecta de ti, de tu intuición, de la sabiduría que tu propio cuerpo lleva de serie.

Sí, te jode que tu amiga que no tiene ni pajolera de psicología todo lo reduzca a:

«Este tío no está por lo que tiene que estar».

O que tu abuela te diga «Si estuviera enamorado, el fin de semana estaría loco por estar contigo».

Y eso duele, joder. Es muy crudo.

Pero esas personas que te hablan de forma tan simplista, te dicen algo que tú ya sabes. Y sí, duele.

Y quizá culpar a esa madre invasiva que tiene y a su dificultad para conectar con sus emociones porque ese ha sido su mecanismo para salir adelante, te resulte más llevadero.

O quizá hablar de tu tendencia ansiógena porque tu padre no intimaba contigo, también.

Pero eso, a veces, te aleja de ti.

Porque mientras teorizas, justificas y comprendes.

No sientes.

Ni actúas.

Sólo ganas tiempo para digerir lo más tarde posible aquello que tu abuela, en unas palabras poco acertadas, te dijo hace meses.

Pero mientras buscas y buscas, comprendes y comprendes, estás en un lugar que te daña.

Y sí, soy psicóloga. Pero antes que eso, soy un ser humano. Una especie que tiene la habilidad de saber qué le satisface y qué le duele.

Y que está orientada a buscar placer y a evitar dolor.

Pero de tanto que supe, me olvidé de eso y me puse en peligro.

Cuando piensas tanto que no vives

Querida mía,

¿Por momentos me doy cuenta de que he madurado. O mejor dicho, que estoy madurando. ¿Y sabes por qué lo sé? Porque me doy ciertos permisos que antes no me daba. Te hablo de darme el privilegio de vivir. Te aseguro que muchas personas están en esta vida, pero no viven. De hecho, yo me he sentido así muchas veces.

«No vivir» es pretender hacerlo todo bien, preocuparte en exceso, pensarlo todo tanto que al final no acabas haciendo nada.

Como cuando eras pequeña y en el cole el profe preguntaba algo que tú sí que sabías, pero de tanto que dudabas de si levantar la mano y decirlo por si era una tontería muy grande, entonces otro se te adelantaba... y el tema ya pasaba a ser otro. Total, que te quedabas sin la oportunidad de esa intervención que dudabas de si era brillante o una soberana tontería.

Pues en el mundo de los adultos pasa algo parecido. A veces pensamos demasiado. Si esto me conviene, si no; si debería hacer esto o lo otro; si esto me desorienta del camino al que me quiero dirigir...

¿Sabes qué? A veces, saber mucho es un problema.

Tal vez creas que buscas compartir con una pareja X, en un tipo de relación Y, que dure Z y en la que llevar a cabo T, H y B.

Entonces, cuando te llega algo que no encaja en esos estándares, lo rechazas. E incluso te vas a casa orgullosa de ti misma porque te has demostrado que sabes lo que quieres y vas a por ello.

Y no te digo que no sea así, ¡ojo!

Sino que la vida me ha enseñado algo valioso. Y es que no siempre sabes del todo lo que quieres hasta que lo experimentas. ¿Sabes cuántas mujeres a las que ayudamos en el Programa juran y perjuran que desean una relación estable y duradera sin ni siquiera sospechar que en su fuero interno existe un miedo al compromiso y a dejarse conocer a fondo por otro por si lo que ve no le gusta?

Hace un tiempo, no me daba el lujo de estar con alguien que sabía que no era para mí. Supongo que después de que te den muchos palos, te vuelves casi de hierro y no quieres perder ni un segundo de tu vida. Y preseleccionaba mucho. Demasiado. Incluso si veía que eso no me encajaba, rápidamente hacía un «fuera». Y vuelta a empezar.

Obviamente, «no quería perder el tiempo». A veces he acabado con historias mucho antes de sentirlo. Pero mi cabezota, excesivamente bien amueblada, me empujaba a ello. Aunque en el fondo de mi corazón no las tuviera todas conmigo.

Querida mía, a veces, necesitamos tiempo para saber lo que queremos y lo que no. Te preguntaré algo: ¿has soltado relaciones o cosas mucho antes de sentirlo de verdad por miedo a perder el tiempo o a no ir a ningún lado? ¿Y si esa historia que soltaste de forma precoz te hubiera enseñado cosas? ¿Y si vivir esa experiencia te hubiera acercado más a ti?

No, no te hablo de cuando te dan palos por todos los lados. Te hablo de historias que quizá no las ves viables de cara a un futuro lejano, pero que en el presente te aportan cosas bonitas y te nutren.

Y como tienes el tema de la edad como un taladro constante amenazándote para que «espabiles», no te permites quedarte ahí, vivirlo, experimentarlo, gozarlo, aprender... En definitiva, ¡vivir! Como si «el paso de los años» no te apuntara con una pistola en la sien y tú te dieras el lujo de vivir, aunque no sea lo definitivo.

Me siento agradecida. He acabado con una historia en la que he estado compartiendo siete meses con alguien especial. Y que sabía que no era algo para el futuro.

Hace unos años, sabiendo que no era para el futuro, me la hubiera cargado a la tercera semana. Obviamente, «para no perder el tiempo». Entonces me hubiera perdido más de seis meses nutritivos.

Hoy siento que esa historia, aunque haya llegado a su fin, me ha dado años. Y digo años porque me ha ayudado a experimentar un nuevo modelo de relación, a saber todavía más qué me hace bien y qué no y sobre todo ¡a vivir! Aunque no firmemos un papel «hasta que la muerte nos separe».

Y me doy las gracias. Agradezco mi flexibilidad, el haberme dado la oportunidad de vivirlo, de gozarlo y de abrir mi mente para algo que no tenía previsto, pero que me ha sumado muy mucho.

Las relaciones pueden destruirte, pero no olvides que también pueden sanarte. Y así es como lo siento hoy.

Así que, ¡gracias a mí!

Y gracias a ti, por acompañarme un jueves una carta más, GranDiosa.

Vive. Que vivir no es solo respirar y cumplir. Vivir es mucho, pero que mucho más.

@programamia

«El miedo se cura con amor».
Y tras años refugiada en su
cueva, volvió a vincularse.
Y encontró la mejor de las
medicinas.

Rayarse por amor, no es de adolescentes

Me llega al alma. Que una mujer hecha y derecha se diga «Qué vergüenza, con la que está cayendo y yo preocupándome por estas gilipolleces».

*Gilipolleces = si esa persona quiere lo mismo que yo, me corresponde y me da el lugar que quiero que me dé.

Recuerdo, siendo una niña, que cuando me preocupaba algo aparentemente superficial, me decían «A darte un paseo por urgencias del hospital deberías ir». No sé si a ti también te han alentado de esta manera o no. Pero lo que sí sé es que tienes y tengo derecho a preocuparme de otras cosas si tengo la suerte (porque lo es) de no estar en un hospital por temas de salud.

¿Pensabas que rayarse por asuntos del corazón era propio de una niña inexperta y tontorrona de 16 años que tiene serrín en la cabeza y cuya madurez está bajo mínimos?

¿De verdad me/te ves así?

¿De verdad pensabas que porque otros no tengan salud o porque haya una pandemia, no es importante lo que sientes?

No querida.

Que la salud te mantiene viva.

Al igual que el amor.

Y necesitas de ambos para estar en este mundo y estar bien.

Que la media de edad de las mujeres que deciden adentrarse en nuestra terapia grupal es de 36 años.

No, no son ningunas niñas, aunque dentro de ellas siempre asome esa pequeña a la que se comprometen a cuidar.

Mujeres potentes, inteligentes, con recorrido que, como ves, les preocupan «esas gilipolleces» (ironía x 1000). Como a mí en su día o en un futuro, quién sabe.

Y que a lo largo de este 2021 han sido 22.288 mujeres las que nos han solicitado información para acceder a nuestro Programa.

¿Y sabes por qué?

Porque en lugar de sentir vergüenza, han considerado importante lo que sientes a diario.

Tan relevante como para invertir su tiempo y energía en cambiarlo.

Que detrás de esa ansiedad que te despierta esa relación hay algo mucho, pero mucho más profundo.

Falta de amor propio y miedo a no ser lo que esperan.

Desconfianza sobre que a ti te vaya a salir bien.

Sentir que eres la excepción.

Y temor a que los años pasen y a que todo siga igual.

Viviendo a medias. Preocupada. Y sin esa calma y amor que necesitas tanto como el aire que respiras.

Lo que sientes es importante.

RESERVA TU ENTREVISTA DE VALORACIÓN GRATUITA

Si sientes que mereces dar un paso más y generar un cambio profundo en ti para sentirte plena y en paz, reserva una entrevista de valoración gratuita con una profesional del equipo para averiguar si es tu momento y si nuestro Programa es para ti.

40

Cuando te crees que estás disponible, pero en el fondo no lo estás

Querida mía,

¿No te parece raro que a una tía a la que le sale todo más o menos bien y en las diferentes áreas de su vida todo va fluyendo, en el terreno «pareja» no le salga?

¿Sabes cuál es su problema?

Que lo que se cuenta ella es que está disponible y que si fuera por ella, sí que querría compartir con alguien especial y emprender un proyecto de vida. Y se lo cree de todas todas. Y también se cree que ella sí que está preparada. Pero que, «desgraciadamente» el problema es que los demás no lo están. O al menos no lo están las personas en las que ella se fija.

Yo me he contado eso durante mucho tiempo. Y me creía que yo sí que estaba abierta a que alguien llegara a mi vida. Entonces ¿cómo se come que nunca me saliera en condiciones?

Te juro que es vital que lo que te cuentes sobre lo que te ocurre sea realista. Y que es más importante lo que te cuentas que lo que te pasa.

Que yo me puedo contar que estoy disponible y que ni con esas llega alguien a mi vida que quiera lo mismo que yo.

Pero tal vez, la pura realidad es que la que tampoco está disponible soy yo.

¿Cambiará algo que me cuente esta nueva verdad? Sí y no.

Que te cuentes la verdad no implica que vaya a cambiar. De hecho, el día que reconozcas que tú quizá tampoco estás disponible no va a tener lugar un hechizo que te coloque a tu lado al príncipe de las tinieblas, ya lo sabes.

Pero ¿sabes qué? Dejarás de vivir frustrada, sin comprender qué te pasa y sintiéndote una marioneta de tu vida. Sin llevar una vida que sientes que la dirige un ente superior que no eres tú.

Y ese día empezarás a sentir que no son los astros los que se han alineado contra ti, sino que puede que tú tampoco estés disponible.

¡Ojo! Que si tú sí lo estás, no hagas caso a lo que te digo y deja de leerme. Querrá decir que esto no es para ti.

Esta carta está especialmente dirigida a todas aquellas mujeres a las que la vida más o menos les sonríe en las diferentes facetas, menos en la de la pareja.

Y vuelvo a repetirte la dichosa pregunta que a mí me hicieron hace unos años: «¿No te parece raro que logrando más o menos lo que te propones, en el terreno del amor no te salga bien ni por activa ni por pasiva?».

Me encantaría que te contaras la verdad. Porque la teoría que tienes sobre tu vida es, como te decía, mucho más importante que lo que te pasa.

No es lo mismo un «A mí nunca me sale bien por más que quiera» que un «Realmente no me creo que a mí me vaya a pasar y me fijo en personas con las que sé que no voy a construir algo de verdad».

¿Que qué cambia? Que la segunda teoría te prepara para no sentirte una víctima del sistema. Te hace protagonista. Te invita a que te ocupes de una parte de ti que quizá debas resolver. Y hace que todo tenga sentido.

Y que si no estás disponible, no pasa absolutamente nada. Permítetelo. Tal vez ahora sea lo que necesites. Es más, para estar disponible debes sentirte preparada para un «no». Y te aseguro que estar preparada para eso no siempre es tarea fácil. Es más, no tienes por qué estar preparada para ello ahora.

Por eso me encanta lo que me dijo una buena amiga hace un tiempo: «Ahora prefiero no conocer a nadie porque si me implico y me sale mal, me sentiría tan vulnerable, que me destrozaría».

Pues tenía razón. Para salir a la cancha, debes de haber calentado. Y si no estás preparada para sostener un «no», experimentar decepción, rechazo o adrenalina en vena que te haga tambalear, es perfecto. Y también será perfecto que ese día no salgas a jugar. Como si no sales a jugar en una temporada larga.

Pero cuéntate eso, que quizá ahora no estés disponible, ni abierta, ni con la suficiente confianza para ser tú, arriesgar, darte a conocer, intimar, tomar la iniciativa, o creerte que el amor puede ser igual de fácil que otra área de tu vida en la que de forma natural sí que te sale bien. Sin embargo, confía en que más tarde o más temprano a ti también te ocurrirá.

Pero cuéntate la verdad. Y no solo la verdad sobre lo que le pasa al otro, sino sobre lo que te pasa a ti.

Un abrazo fuerte, GranDiosa. Eres maravillosa tanto si estás disponible como si no. Te lo digo yo.

2019: Hombre con pareja.
2020: Hombre ambivalente.
2021: Hombre huidizo.
2022: Hombre Peter Pan.

...

¿No será que la que no está disponible eres tú?

Cuéntate la verdad y escribe cuál es tu teoría sobre tus dificultades en el terreno del amor (si es que las hay, claro). **Empieza así: «Mi problema es...»**

....

....

....

....

....

....

....

....

....

@programamia

¿Y si la que pone barreras eres tú?

Te encantaría que fuera una relación de verdad. De esas en las que puedes ser tal cual eres. Hacerle partícipe de tu mundo. Sin medir nada. Que entre en tu vida a fondo.

Y, a veces, cuando ves a parejas que lo comparten todo, flipas. Parece hasta fácil. Y no entiendes cómo siempre notas esa especie de muro cuando te relacionas con alguien. Es como si esa familiaridad y esa espontaneidad que te caracterizan las perdieras. Hay una barrera. Es algo raro. Pero lo notas.

Y te cuentas que esa persona no está fluyendo. O que hay algo que no os deja compartir e intimar de verdad.

Ojalá el sexo fuera intimar a lo grande. Que también. Pero lo que te falta es intimidad a nivel humano. Como hacen las parejas que ya son «familia».

Y sueñas con eso.

Hasta que un día te dice alguien: «Mia, no te dejas conocer».

Y tú te extrañas. Nunca te habían dicho eso. Y siempre habías vivido como un incordio las barreras del otro.

Pero no habías caído en qué era lo que te impedía improvisar más a menudo, en qué hacía que no le incluyeras en tus planes, que no te adentraras en los suyos, qué impedía que fueses tú misma, que viera lo que te acomplejaba sin problemas, que le contaras lo que se te pasaba por la cabeza, que fueses amorosa, que te abrieses, que le regalases algo si te apetecía, que tomaras la iniciativa siempre que quisieras, que hicieses el idiota como lo haces con tu familia, o que le expresaras lo que sientes por él y lo que no. Que no le dejaras ver lo que te inquietaba, te perturbaba o te hacía sentir muy feliz. No desnudabas tu cuerpo, pero tampoco tu alma.

Y ese día te das cuenta de que te da miedo que te conozcan. Porque sabes que puedes gustar, pero no tienes tan claro que llegues a enamorar cuando te hayan conocido a fondo. Al cien por cien.

Y repasando tu historial, te das cuenta de que tus últimas experiencias no han sido lo profundas que a ti te gustaría.

Aunque quizá eso también lo has creado tú. Porque así, ese miedo a vincularte a fondo y que se vayan lo ahuyentas.

Y te das cuenta de que aunque lo que más deseas es esa intimidad, también es lo que más temes. Y por eso no ocurre.

CUANDO PIDES INTIMIDAD Y LA QUE NO SE DEJA CONOCER ERES TÚ.

@programamia

Cómo crear finales felices

@programamania

Querida mía,

Desde hace unas semanas, me he propuesto ir cada martes a una cafetería cuqui, donde me haga ilusión desayunar y teletrabajar con Dana, mi fiel amiga perruna.

¿El por qué? Porque quiero disfrutar más de mi querida ciudad, Barcelona. A veces siento que no la aprovecho como podría. Y además necesito conectar con la ilusión, la novedad, mi lado curioso y aventurero y con mi creatividad. Y desde una de estas cafeterías te escribo.

Ahora estoy feliz, pero hace cuestión de veinte minutos estaba cagándome en todo mientras cargaba con la mochila, el portátil y la chaqueta por «si acá» refrescaba y con Dana que inquieta tiraba de mí, inquieta.

Ffffffff, qué desesperación.

Me he plantado en la primera cafetería y estaba cerrada.

Me he ido andando a una posible segunda opción y me han dicho con buenas palabras que no me durmiese en los laureles con mi portátil y ocupando un sitio tres horas, que esto era para consumir, no para trabajar.

Te juro que he estado a puntísimo de irme a mi santa casa con un cabreo monumental y convenciéndome de que mi plan de teletrabajar los martes cual nómada digital era de los mundos de Yupi.

Pero justo antes de tirar la toalla, me he acordado de mi teoría: «Haz que el final sea guay». O sea, no permitas que el capítulo de la serie acabe así, cabreada y desistiendo de tu iniciativa para conectar con tu lado creativo/femenino/aventurero.

Y así es como he llegado a mi tercera opción. ¡Y soy feliz! Me estoy comiendo un carrot cake casero, con un cafetito con espuma de los que a mí me gustan y con un entorno de diez. Aquí tienes la instantánea.

¿Te imaginas que me hubiera ido a casa sin darme permiso para esta tercera opción?

Estoy segura de que el martes siguiente no hubiera querido salir de casa. Y así es como retroalimentamos nuestras desastrosas teorías sobre la vida y los contratiempos.

¿Sabes dónde aprendí la teoría «Haz que el final sea guay»? En Tailandia.

Hace un par de años o tres, contacté con una chica por internet para irnos juntas de viaje a Tailandia. El caso es que no tenía con quién ir y no me apetecía ir sola. Así que nos aventuramos.

Todavía estando en Barcelona, en alguno de nuestros cafés, no acabé de sentir un superfeeling con esta chica, pero en aquel momento sabía que sola no haría ese viaje. Así que me autoengañé y me dije que era majisisisima para poder cumplir mi sueño: ir a Tailandia.

¿Qué pasó? Que literalmente al tercer día le dije con mucho amor que quería continuar esa aventura sola. Todavía alucino de mi atrevimiento, aunque doy gracias a mi Yo del pasado. ¡Olé tú por haberlo hecho!

Total, que la primera noche que pasé estuve sola, me la pasé llorando, sin poder pegar ojo. ¿Qué co... hacía yo sola en la otra punta del mundo sin compañía alguna? Me venía grande no, lo siguiente.

Al día siguiente me apunté a una de esas excursiones míticas típicas en las que te llevan a visitar playas y lugares recónditos.

A todo esto, a la que pillaba cobertura, iba escribiendo a mi amiga Marina para que llamara a la compañía aérea y averiguara si podía adelantar mi vuelo de vuelta sin que me pegaran una hostia padre con el precio. Por cierto, gracias Marina por ser la mejor consejera y gestora de incidencias que una puede tener.

El caso es que en la excursión conocí a un matrimonio y les conté todo, incluido que me quería volver. Y él, con muchísimo amor y seguridad, me dijo: «Sandra, quédate, solo así vas a hacer que el final pueda ser distinto y que te ocurran cosas que ni esperas. ¿Te imaginas volverte a Barcelona y quedarte con esta sensación y este final?».

Brutal. Con ese final, ¿quién es la guapa que se vuelve a atrever a viajar sola?

Le hice caso. Me quedé. Y conforme pasaban los días (me quedaban todavía trece), hice que fueran especiales. ¿Cómo? Básicamente haciendo lo que me daba la gana, y comiendo y cenando lo que quería, cuando quería y donde quería. Y así con todo. Itinerarios, horarios, planes, hoteles...

¿Y sabes qué? Que fue súper superespecial. Crecí, me conocí, me agoté, disfruté, pasé miedo, me emocioné. Y volví a Barcelona sintiendo que ese final era el mejor que hubiera podido tener mi miniserie. Y todo gracias a mí. A esta mujer que ves aquí debajo.

Ojalá tú también hagas que tu serie acabe bien y sigas confiando en ti y en la vida.

@programamia

¿Qué puedes hacer hoy por ti para que el capítulo de la serie llamada «Tu vida» acabe bien y bonito?

Cuando te pasas de humilde

Querida mía,

No lo puedo evitar. Me hace daño cuando percibo que alguien se incomoda por cosas buenas que me pasan.

«No es mala tía en el fondo...». Pues ¿sabes qué? Que eso no es suficiente en esta vida. Parece que siempre que vemos que alguien tiene una dosis de veneno dentro, tengamos que justificarle comprendiendo sus circunstancias. Como si el hecho de estar sanas mentalmente implicara que no nos tuviera que perturbar lo más mínimo el poso gris del de al lado.

Pues no, me niego a creerme esta teoría. Que entre ser empática y simpática hay muy pero que muy poquito.

Hoy te vengo a hablar de cuando tu cuerpo se siente incómodo cuando, de repente, estás viviendo logros, ganancias y cosas bonitas, y al transmitírselo a la persona que tienes delante siente un pellizco con tu luz.

Eres una mujer intuitiva y tu cuerpo goza de una grandísima sabiduría. Y a menudo darte mucha cuenta de las cosas te puede llevar a dejar de lado ciertas relaciones. Por eso a veces nos gustaría no sentir tanto esa intuición. Básicamente porque a la que habla alto y claro, nos incita a tomar decisiones que puede que nos alejen de personas a las que queremos, pero que a la vez nos están restando.

Y ya sabes, querida amiga, que el ser humano es tremendamente fiel a lo conocido, aunque le reste. Aunque le desgaste y aunque no le permita ser luz.

No, no estás comiéndote excesivamente la olla. Cuando tu cuerpo nota que el de enfrente se siente amenazado por tu luz, te lo va a hacer saber. Te lo digo yo. Otra cosa es que te obligues a ser la más comprensiva del barrio o a pasar de todo porque «nada tiene importancia».

Yo cada vez lo noto más. ¿Y sabes lo que he notado en mí también? Que por no despertar en esa persona esa sensación incómoda, esa inseguridad o celos, soy capaz de no sacar a relucir todo lo bello que me está ocurriendo. Como si me hiciera cargo del recelo del otro. Y para protegerlo, fuera capaz de quedarme en un 6 seis. Pero ¿y si realmente ese día siento dentro de mí un 8,5 ocho y medio? ¿Por qué tengo que representar un 6 seis?

Mientras te escribo, me enervo un poco porque merezco representar lo que yo me siento, pese a lo que eso despierte en los demás.

Que no he venido a este mundo a amoldarme a las necesidades de los demás. Ni a recortar mi luz para que el otro no se sienta herido por ella. Esa no es mi función. Que parezco Mari Tere de Calcu de lo «bondadosa» que llego a ser.

El otro día leí o me dijeron, ya no lo recuerdo, que eres la media de las 5 cinco personas con las que te sueles relacionar. Ya sabes que te he hablado de este concepto alguna vez.

Pues bien, a partir de ahí, hice un ejercicio que me dejó loca. Loquísima.

Se trata de escribir las 5 cinco personas con las que más intimas. Y después se trata de que seas honesta contigo para reconocer cuáles de esas personas, a día de hoy y por el motivo que sea, te están restando.

Y créeme que alguien que se siente insegura y que perciba tus pasos como una amenaza te resta.

«Ya, pobre, pero es que eso tiene que ver con ella no contigo».

Y ya estamos otra vez, ¿y qué? Puedo elegir distanciarme de alguien que se incomoda cuando percibe mi éxito.

El caso es que si de verdad haces este ejercicio bien, puede que te des cuenta de cosas. Y puede que a pesar de que algunas de esas personas sean personas de las históricas en tu vida, con las que has compartido lo más grande y con las que te conoces al dedillo, quizá ahora resten algo en ti. Y eso no quiere decir que sean malas personas. De verdad, que no lo creo.

Pero sí que creo que mereces escoger tu red con amor. Que esas 5 cinco plazas privilegiadas las ocupen seres de luz. Que alimenten tu brillo. Y no que te lo quiten o que te empujen a quitártelo.

No evites nunca ser lo que eres. *Pa' lo* bueno y *pa' lo* no tan bueno.

Sé honesta contigo. **Escribe las cinco personas con las que más te relacionas. Redondea las que te hagan mejor persona y tacha las que te quiten parte de tu luz natural o te resten.**

@programamia

Era un 8,5, pero quiso ser un 6.
Y así nunca despertó recelo.
Ni tampoco su magia.

@programamia

43

Tu vida no es una fábrica de churros

Querida mía,

Te juro que jamás pensé que diría esto, pero en esta vida no se trata de ser productiva y rápida x 2000.

Te tengo que confesar que el libro *Pausa. No eres una lista de tareas pendientes*, de Robert Poynton, me está influyendo, y mucho, en lo que te quiero contar hoy. Y eso que me lo he empezado a leer hace nada. Pero como soy una romántica empedernida, siempre pienso que cuando estás en un momento vital, la vida te planta en la cara los estímulos que necesitas para seguir remando en la dirección correcta. Y todo esto de gratis, sin planear ni forzar nada. ¡Gracias, vida! Siempre me preparas pistas para que encuentre el camino (aunque a veces seas un pelín dura).

Total, que justo en este querido momento de mi vida en el que me estoy replanteando parar y dejarme iluminar por soluciones mágicas, tomándome más tiempo para hacer las cosas y conectar conmigo, es cuando me planto en mi librería favorita y se presenta frente a mí el libro del que te hablo.

Te pongo en antecedentes. Estas últimas semanas me he sentido ansiosa. Sentía una especie de motor dentro de mí y como si mi cabeza no pudiera parar de enumerar las tareas que tenía que hacer después de acabar la que todavía no había empezado.

Además, ya sabes que me dedico a crear contenido y era como si un torbellino de ideas se amontonaran una encima de la otra sin que fluyera ninguna. Básicamente porque al amontonarlas, las ideas se aplastaban mutuamente y no podían salir airosas de allí ni evolucionar. Morían, sin más.

Que conste que no solo te hablo de ideas sobre el contenido que aparece en nuestra terapia grupal en el Programa o en nuestras redes, sino también de aspectos de mi vida. Qué quiero, qué no, cómo me siento, qué me apetece, con quién quiero estar, con quién no, qué deseo hacer hoy, qué espero de mi vida de aquí a unos años...

Como comprenderás, estas ideas cogen forma con pausa y tiempo. Porque necesitan ser cocinadas a fuego lento, como un buen caldo de pollo. Que sí, que tienes el tetrabrik del súper, pero tú sabes que no es lo mismo. No se trata solo de hacer y resolver, sino desde qué lugar lo haces. Y en temas creativos, emocionales y de vida, no puedes pretender resolver como si se tratara de una fábrica de churros. Sinceramente, a mí no me ha funcionado. Lo finiquitas, sí. Pero ¿y el cómo?

A veces me he sentido una máquina de producir. Te juro que si me pongo, puedo ser fulminante y liquidar una burrada de tareas.

El caso es que no quiero eso para mí. Ni en el trabajo ni en mi vida personal.

Parece que el ser eficiente, rápida y productiva es lo más venerado en el mundo de hoy.

Pero ¿sabes qué? Que se olvidaron de la creatividad, de esa vuelta de tuerca que te hace encontrar soluciones mágicas que nunca antes se te hubieran ocurrido. Ese plan B que no sabías ni que existía.

Ese «hacer las cosas de verdad». Con sentido y corazón.

Por eso siempre me ha dado rabia la gente que dice que se va de finde a la montaña a pensar. ¿A pensar? Como si pusieras la fábrica en funcionamiento y, venga, a producir se ha dicho.

Como si se dieran de margen cuarenta y ocho horas para encontrar la solución a algo que les inquieta. ¿De verdad que todo se puede resolver estando cuarenta y ocho horas centrado en un dichoso tema mirando hacia las montañas? Que quizá sí.

Pero quizá no. Y no pasa nada.

Tal vez ese caldo necesite más tiempo. Y puede que un día, mientras te duchas o paseas por la calle ensimismada, te des cuenta de cosas. ¿Y sabes lo mejor? Que no te habrás puesto como objetivo encontrar #lamejorideadetuvida en ese paseo.

Lo sé, a veces tenemos problemas, dilemas, mierdas que resolver. Y queremos que se resuelvan ya. De ya. Queremos acabar. Y te entiendo. Pero, para que te hagas una idea, ahora mismo estoy en una cafetería en Barcelona escribiendo esto cuando sé de sobra que soy unas tres veces más productiva en casa. Porque no me distraigo, porque sé cuál es la zona con mejor luz, porque no me tengo que desplazar y además porque no hay personas que me perturben hablando por teléfono. Cosa que aquí sí. Además, si te soy sincera, bajaría el volumen de la música que tienen puesta. Pero ¿y qué?

¿Qué es ser productiva? ¿Acabar las tareas? ¿O hacer que tengan sentido para ti? Y que te nazcan del corazón y que las veas claras y cristalinas.

La verdad es que hoy no era el día en que tenía previsto escribir esta carta (soy/era de las de agenda milimetrada). Pero es que me apetecía mucho. Y así lo he hecho.

¿Estoy siendo productiva? No tanto. Pero en este camino fluyo más, mis ideas también, el amor por mi trabajo crece por descontado y mi paz interior... ni te imaginas. Y, lo más importante, hago que mi vida sea más sostenible y bella.

Y lograr eso es lo más productivo de la vida.

Ojalá te unas a mi propuesta de bajar revoluciones y dejar espacio a la creatividad.

No se trata del qué sino del cómo.

Bienvenida a la fábrica de churros hechos a mano.

@programamia

Éxito no es llegar a la meta en el
menor tiempo posible.
Éxito es dirigirte a ella desde
un lugar amoroso y respetuoso
para ti que te haga feliz.
—¿Aunque tarde más?
—Sí, aunque tardes más.

Revisa tu día de ayer y respóndete: **¿Qué te hubiera gustado hacer distinto de como lo hiciste porque te hubiera hecho sentir mejor y más feliz?**

....

....

....

....

....

Cuando el «pack mujer invencible» te agota

Es curioso. Toda la vida pretendiendo ser una máquina y ahora cuando me siento bajita de ánimo, que me recuerden que soy la hostia, me hunde. Y estoy segura de que la persona que me alienta con un «Sandra, eres la mejor, no hay quien te pare» lo hace con la mejor de sus intenciones.

Es más, lo que dice, lo cree de verdad. Pero, ¿sabes?, ahora ya no quiero escuchar eso.

Ni que soy la mejor.

Ni que soy una máquina.

Ni que a mí me sale todo bien.

Ni que soy capaz de conseguir lo que me proponga.

Ni que soy un «monstruo», tal y como me decía y dice mi padre cuando quiere ensalzar todo mi potencial...

Y, de repente, me doy cuenta de que lo que necesito no es que me digan «Eres una máquina».

Lo que más deseo es un simple «Eres humana».

Qué palabras tan placenteras. Me imagino una piel seca y agrietada a la que le untas una loción hidratante supernutritiva que se absorbe y sienta como un bálsamo. Oooooohhhhh.

Y te das cuenta de que has aprendido a ser imparable. A ser, de lo bueno, lo mejor. Pero tú no quieres ser la mejor. Tú lo que quieres es ser tú. Y que aun así te quieran.

Es más, cuanto «más mejor» eres, más presión sientes por seguir dando la talla.

Por que las cosas salgan bien

O como esperas.

Mejor dicho, como los demás esperan.

Porque además los tienes «malacostumbrados».

Es como cuando te maquillas cada día mañana y un día que bajas la guardia y no lo haces, entonces te preguntan que si has dormido bien.

Y sí, has dormido de puta madre. Pero no te has puesto rímel ni tapaojeras.

Porque no eres «una máquina», eres un ser humano.

Y de tan exitosa que has aprendido a ser hacia fuera, mayor es la presión por mantener el «pack mujer invencible».

Y como comprenderás, en el «pack mujer invencible» no viene incluido el sentirse poquita cosa.

Al igual que en el «pack presidenta de una multinacional» no siempre van incluidos el amor propio y la seguridad.

Quizá los demás intuyan que ambas piezas van de la mano.

Pero yo sé que no siempre es así.

Porque a aquella niña preciosa le enseñaron a ser una máquina, pero no a ser humana.

Cómo resolver dilemas cuando no hay manera de avanzar

Querida mía,

¿Sabes aquello que te lías pensando si es mejor optar por un camino u otro?

Y concretamente te hablo de hombres. De cuando estás súper a gusto con esa persona pero hay un pero. Y ese pero es como un «Sí, pero no». Entonces gastas más energía de la cuenta pensando en lo que deberías hacer con eso. Y como ya sabes, querida mujer y compañera de batallas, cansa y mucho.

Desde que me he hecho mi mapa de los sueños y lo tengo plantado en el comedor de mi casa y lo veo mañana, tarde y noche, créeme que a efectos visuales, me acuerdo cada día de lo que quiero y lo que no en esta vida.

Por si no lo sabías, un mapa de los sueños es una representación gráfica de lo que deseas en un ámbito concreto de tu vida. Yo he comprado un corcho y he ido recortando imágenes de revistas que simbolizan aquello que deseo construir en el ámbito de la pareja. Hago hincapié en esto porque no es aconsejable que en un mismo mapa de los sueños aunemos lo que deseamos proyectar en el ámbito personal, profesional, de pareja, de ocio..., sino que conviene que hagas un mapa de los sueños para aquel ámbito de tu vida en concreto en el que deseas que pasen cosas. Eso de hacer mapas de los sueños generalistas no funciona. Básicamente porque no te enfocas ni afinas puntería.

Me parece una herramienta sencilla y fundamental porque con un solo golpe de vista recuerdas día a día lo que quieres para ti. Y te digo por experiencia que es más que fácil que en los derroteros de la vida te vayas despistando. ¿Por qué? Porque no tenemos un mapa de los sueños que nos recuerde cada día en lugar en el que deseamos estar.

Y ese mapa de los sueños que veo cada mañana cuando me levanto es como si hablara y me dijera «Sandra, ¿lo que estás haciendo hoy te conduce al lugar en el que deseas estar mañana?».

Total, a lo que iba, hoy te vengo a hablar de cómo resolver dilemas. Y sinceramente, te voy a hablar de dos básicos que dudo que vayas a leer en ningún libro de psicología, porque son de lo más casero y sencillo que te puedes echar a la cara.

Allá voy.

Vamos con el primer básico: Saber tanto te desorienta.

Ayer estuve tomando algo con una colega, y hablábamos de nuestra Yo del pasado que no tenía ni idea de teorías ni de crecimiento personal. Y, sinceramente, ¡era la leche! Una mujer que no sabía. Que saber mucho es malo. Porque empiezas a gastar una cantidad de calorías innecesarias para evaluar lo que te ocurre en la vida cuando es todo mucho más fácil.

Y mira que me da rabia la típica persona superficial a la que le cuentas tus movidas analizándolas más que Freud y concluye con un «No es para ti». Y tú hablando de la relación que tuvo con su padre y la que no tuvo con su madre, además de añadirle tus resistencias a vincularte originadas por tu legado femenino. Y digo yo, ¿y qué más da todo eso? Si el resultado es el mismo.

Tu Yo del pasado, que no sabía ni tres cuartas partes de lo que sabes ahora, puede que estuviera más conectada con su santa intuición. Y ¿sabes por qué? Porque no lo pasaba todo, pero todito todo, por la mente. Sin más, su cuerpo le decía lo que sí y lo que no. Sin tanto análisis.

Pues eso, que recuerdes quién eras antes de saber tanto. Que esa Yo del pasado era canela en rama y tú sin saberlo. Le tengo hasta envidia, no te digo más.

Vamos con el segundo básico: Lo que es para ti, ni aunque te quites. lo que no es para ti, ni aunque te pongas.

Adoro estas palabras. Recuerdo que en uno de los audios que nos intercambiamos mi querida Mónica de @sanamente.monica y yo, ella decía esta frase. Y vas a alucinar pero cuando pretendes tomar la mejor decisión de vida para ti y la piensas y la repiensas, hay un momento en que necesitas que algo o alguien te ayude a soltar. Y dejar de pretender resolverlo todo ya y de la mejor manera. Y te entiendo, sé que quieres saber cómo va a acabar la historia para quedarte tranquila. Pero entonces no estarías en tu vida, sino en una peli que ya has visto y cuyo final conoces (por eso no te mantiene tan en vilo como esa primera vez que la viste).

Pues oye, que me encanta esta frase, me relaja. Que cuando ya te has comido la cabeza lo más grande, hay un momento en que te dices «Suelta» y confías en que esta aventura llamada vida, por más que hagas o deshagas, te irá indicando lo que sí y lo que no. Por más que te empeñes en resolverlo ya de ya.

Que viva los tips caseros y sencillos como los que te traigo hoy. «Back to the basics» es mi lema.

Te lo dice una que piensa, lee y se informa mucho, pero mucho. Y que a veces no le sirve.

Amiga, gracias por acompañarme un jueves más. Te siento cerca aunque suene extraño.

Un abrazo granDiosa.

@programamia

Duda.
Duda.
Duda.
A la mierda. Ya iré viendo.
Y hoy no será ese día.

@programamia

45

Quiero ser mamá, no tengo pareja, ¡y el tiempo pasa!

Querida mía,

Traigo una reflexión calentita porque hace días y días que me viene a la cabeza y me la creo mucho mucho.

Estoy en un momento especial de mi vida porque he decidido congelar mis óvulos. A día de hoy tengo 35 años, y aunque ahora no siento que sea el momento, deseo ser mamá algún día y quiero vivir relajada, sin sentir que mis ovocitos me amenazan de que pasa el tiempo y de que se están haciendo mayores.

De hecho, ahora mismo estoy en pleno tratamiento y, para ser yo, estoy siendo muy atrevida de escribirte esto. Primero porque me resulta algo superpersonal. Y segundo porque tengo la odiosa creencia de que si cuento algo que me asusta antes de que se haya hecho realidad, se va a gafar. Así que he decidido liarme la manta a la cabeza y confesarte que estoy en pleno proceso antes de tener mis óvulos preservados, para desterrar definitivamente esa teoría limitante de que contar las cosas hace que se estropeen. Y digo yo, ¿de dónde habré sacado eso? Pues eso, ahí va mi declaración terapéutica, aunque me dé miedito. Mejor dicho, miedo.

¿Por qué te cuento todo esto? Porque hace unos años no habría tomado esta decisión de congelar mis óvulos.

Básicamente porque me habría asustado la idea de no poder ser madre y de no poder formar una familia tal y como deseo.

Eso ocurre y mucho. Cuando tememos algo, es superpeligroso porque en lugar de coger al toro por los cuernos, vamos postergando y postergando eso que tanto tememos. Y ¿sabes lo que pasa entonces? Que en lugar de hacernos cargo de ello, buscar soluciones y acercarnos al lugar al que deseamos estar, conseguimos exactamente lo contrario.

Ocurre lo mismo cuando temes tener una enfermedad, que pospones y pospones acudir al médico. Incluso cuando estás a punto de pedir ayuda psicológica porque no te sientes bien contigo ni con la vida que tienes. Es como si dar el paso y llamar a un especialista y ponerte manos a la obra implicara acercarte a tu monstruo. O sea, hablar de lo que más temes, sentirlo y acercarlo mucho más a ti.

Entiendo perfectamente por qué muchas de las mujeres que están interesadas en nuestra terapia grupal, no llegan a hacer la entrevista de valoración gratuita con nosotras bajo el pretexto de «Prefiero dejarlo para más adelante».

De hecho, con el tema de los óvulos me ocurrió lo mismo. Quería dejarlo para más adelante. Ufffff, qué perezón me daba solo de pensarlo. Pero lo que tenía era miedo de acercarme a mi miedo. No era que lo quisiera dejar para más adelante. ¡Qué va!

Lo mismo me ocurría cuando me sentía sola. ¿Sabes la diferencia entre una persona que se siente sola y tiene vergüenza de sentirse sola y otra que se siente sola y no tiene vergüenza de sentirse sola? Que la que no se juzga ni se esconde de sentirse sola, coge y lo resuelve.

¿Qué quiero decirte con esto? Que cuando tienes miedo de que descubran que estás más colgada que un chorizo criollo, seguramente no buscarás recursos para no sentirte así. Tal vez ni pidas ayuda. Ni llames a esa persona de confianza para decirle cómo te sientes. Es más, probablemente no te atrevas a proponer planes a personas nuevas porque estarás más cerca de «ser descubierta» y de conectar con esa sensación de «Soy una loser».

¿Por qué no desestigmatizamos la necesidad de querer tener amigas. ¿Tan grave es?

¿Y qué pasa si quiero hacer amigas?

¿Y qué pasa si me siento sola?

¿Y qué pasa si quiero ser madre?

Pues que coges y buscas soluciones que te acerquen al lugar al que deseas estar. Punto.

Que ya lo decía el dicho: que quien tiene vergüenza, ni come ni almuerza.

Y gracias a haber superado mi vergüenza y afrontar mis miedos, no solo me voy a congelar mis óvulos, sino que he creado un club de inspiración seleccionando a 7 mujeres (las que me ha apetecido por cierto) a las que les he propuesto vernos asiduamente para disfrutar, ayudarnos y compartir. ¿Y sabes por qué? Porque Sandra Ferrer, o sea, yo, tiene esa necesidad y la legitima.

Es como cuando eras niña y le decías con toda tu ternura y humildad a otra niña «¿Quieres jugar conmigo?». Y te quedabas más ancha que larga.

Pues eso.

Haz que tus sueños se cumplan.

O lo que es lo mismo, al toro.

Gracias por este ratito de jueves, me ha gustado escribirte.

Y cuando me dejé de esconder.
Y de temer que me
descubrieran.
Dije a los cuatro vientos lo que
necesitaba.
Y lo atraje a mí.

¿Qué estás posponiendo por miedo a enfrentarte a tu miedo?

....

....

....

....

....

Imagínate por un momento que hoy decidieras tomar acción y enfrentarte a ese miedo, **¿qué harías que no estés haciendo?**

....

....

....

....

....

@programamia

Cuando te sientes una fracasada

¿Sabes la diferencia entre esta mujer de 34 años que está sentada en un banco un domingo....

Y esta otra?

IMPORTANTE. Las dos tienen la misma edad, las dos anhelan cosas que aún no han llegado, las dos pasan su día sin nada aparentemente superestimulante y las dos están sentadas en el mismo banco al sol.

¿Te lo digo?

Pues que esta 👩 se siente una fracasada.

Y esta 👩, no.

Y de repente las dos reciben una llamada de una amiga que les pregunta:

👩 «¿Qué tal preciosa? ¿Qué haces?».

Y esta 👩 responde: «Pues aquí en un banco al solete, hace un día superbonito. Igual me bajo andando a la Barceloneta y me como un Pokebowl por allí».

Y esta 👩 dice: «Una mierda tía. Hoy 0 planes, todo Cristo tiene cosas que hacer y me he venido aquí porque ya no podía más de estar encerrada en casa, te lo juro... Estoy tan harta... Parece que se me acumule todo de golpe)».

Y esta 👩 cree de verdad, que si sus circunstancias cambiaran, estaría feliz: «Joder tía, qué suerte tiene Carla, está con su pareja, tranquila, viviendo con él... Lo tiene todo».

Pero ¿sabes la verdad? Que probablemente, estando en la misma situación que Carla, ella 👩 se sentiría frustrada por H, por B o por C.

Pero eso aún no lo sabe. Porque como no «ha logrado» lo que cree que será su antídoto, aún sigue sintiéndose como una fracasada hasta que no lo consiga.

Pero no.

Cuando Carla lo dejó con su pareja y tras pasar el duelo sano y necesario, no se sentía fracasada sino alineada con lo que sentía.

👩 «Ya, pero no compares... Carla tiene un trabajo de puta madre y vive como quiere».

Y siempre, siempre, siempre, habrá nuevas razones para que los demás no se sientan un fracaso y tú sí.

Pero ¿sabes la verdad? Que quien se siente un fracaso tiene que reparar algo más que lo que logra o consigue en esta vida.

Y que hasta que no se reconcilie con ella misma, aun con pareja, trabajo, la casa de sus sueños y las vacaciones de su vida, ese sentimiento de fracaso asomaría igual.

Porque el fracaso no va de lo que tienes, sino de lo que sientes que eres.

46

Ligar por Tinder es fácil si sabes cómo

Querida mía,

Como ya debes saber a estas alturas, adoro ir a librerías de la ciudad, perderme durante un rato largo y comprar aquellos libros que, sin planearlo mucho, me llaman.

Total, que hace unos días cayó entre mis manos un libro cuyo título es imposible leer y no llevárselo a casa. ¿Preparada? Allá va: *Ligar es fácil si sabes cómo... Manual para solteros y solteras que quieran dejar de serlo*, de María Pasión, love coach de Meetic. Y para más inri, ahí va el subtítulo: «Todo lo que necesitas saber y hacer para volverte irresistible (y encontrar pareja para siempre o solo para esta noche)». ¿Qué me dices? Estar soltera y leer esto es un match automático.

Total, que me lo llevé. Y esta mañana, mientras lo leía, he llegado a unas páginas en las que la autora cataloga los perfiles en las apps de ligoteo en tres, según sus intenciones:

1. «Quiero conocer a gente». Lo que equivale a ampliar círculo de una manera difusa, sin más.

2. «Quiero encontrar pareja». Lo que equivale a compartir un proyecto con la intención de que sea duradero.

3. **«Lo que surja».** Lo que viene siendo un efímero o no tan efímero encuentro sexual.

Entonces es cuando te das cuenta de que el problema no es que Tinder sea una mierda, sino que lo usamos mal. Y ahora vas a entender el porqué.

Tal vez pienses que no es que le des un mal uso, sino que hay una crisis de valores del carajo que hace que la gente valore solo lo fácil, lo puramente placentero e inmediato.

Pero, digo yo, ¿no te parece raro que todo el mundo diga que hay una crisis de valores de espanto y que la sociedad la configuremos cada una de las personas que lo afirmamos? Pues algo de eso también debemos tener cada uno de los que nos sentimos una víctima de este «mundo cruel» contaminado por valores empapados por la era digital y carentes de la profundidad y el cáliz humano con el que soñamos. Pero esto ya me da para otra carta, así que voy al grano.

El caso. Hoy te voy a ser muy honesta. Y además lo que te voy a contar es real, tan real como que ayer estaba matcheando en Tinder porque recientemente he vuelto a las andadas. Y resulta que cuando veo en algún perfil «Busco una relación», es como si dentro de mí se activara el «Este está desesperao». Y ahora, mientras te escribo, me pregunto: ¿Y qué hay de malo en que alguien desee una relación y desde el principio lo comunique? ¿Le convierte en una persona poco interesante o a quien no le estimule su vida? A mí también me apetece compartir con alguien y me gusta mi vida (primera reflexión). Pero tal vez yo todavía no sepa comunicar alto y claro qué deseo (segunda reflexión).

La autora del libro del que te hablaba unas líneas más arriba explica que el mayor pifostio se lía cuando no sabemos definir lo que queremos. Es como que te gusta decir que buscas «Lo que surja» y resulta que entonces matcheas con otro que busca «Lo que surja». El caso es que, «Lo que surja» no implica compartir fines de semana, una continuidad, juntar a amigos y/o familiares, ni planear unas vacaciones juntos. Que puede que ocurra, ojo. Pero sí que es cierto que lo que tú te dices que quieres, va a hacer que atraigas a personas que se sientan cómodas con lo mismo. El caso es, ¿qué narices quieres tú? Cuidadín, que las palabras «Fluir» y «Lo que surja» pueden tener multitud de significados. Pero algo que sí sé es que se usan cuando no queremos delimitar mucho la cosa. Así que si tú sí quieres delimitar el tema, plantéate buscar otro tipo de expresiones.

Porque si volvemos a mi caso, ¿cómo puede ser que deseando compartir con alguien, encontrar ese *feeling* y esa conexión especial, me llame más un perfil que se define con un «Fluyamos» que otro que lo hace con un «Busco una relación»?

Entonces, lo que pasa es que, cuando la cosa avanza y después de tu aparente intención de «Fluyamos» asoma la de «Quiero compartir mis días contigo», y ahí vienen los problemas.

Que no, que el problema no es que no haya compatibilidad, como dice María Pasión, sino que no hay intenciones semejantes. Y punto.

Amiga, si eres usuaria de estas apps dime, ¿tú qué quieres?

Porque últimamente me encuentro a mujeres que se dicen alto y claro que tienen claro clarinete lo que quieren. Y yo me pregunto: ¿Seguro? ¿Por qué hay ámbitos en tu vida en los que lo tienes claro y te enfocas y otros en los que no?

¿Y si en el fondo no lo tienes tan claro?

¿O si es que no lo estás sabiendo comunicar?

No la líes y haz las cosas bien desde el principio. Las bases del juego se delimitan entonces, no después de haber estado jugando durante semanas.

Dicho esto, ayer empecé a hablar por Tinder y por primera vez con un hombre que me resultó interesante. El caso es que a la hora de despedirnos, me propuso literal «Si quieres te dejo mi número y seguimos por WhatsApp». A lo que, siendo honesta y optando por lo que yo ahora necesito, le respondí «Si te soy sincera, necesito un pelín más de tiempo para eso de los móviles. Espero que te sientas cómodo».

¿A ti te ha respondido?

Porque a mí tampoco. Pero de eso, justo de eso se trata. De que sepas qué te hace sentir cómoda y qué quieres tú, para poder comunicarlo (sin palabrejas modernas de esas que no quieren decir ni chicha ni limoná) y que la selección natural darwiniana haga su función.

La vida es fácil amiga, si sigues los mandatos de Darwin.

Ahí lo dejo. Sé lo que quieres encontrar.

Un abrazo granDiosa.

—¿Y tú por qué estás en Tinder?
—Porque me quiero enamorar.
¿Y tú?
—Por curiosidad, la verdad...
(Y se diluyó todo).

¿Qué quieres tú en el amor? Puedes resumirlo en una frase a lo descripción de Tinder o escribir con detalle todo lo que ahora te apetece vivir en el terreno pareja.

....

....

....

....

Tinder y desgana, en busca del milagro

¿Por qué nos esforzamos en cosas en las que no confiamos?

¿Sabes cuál es la primera premisa para que una terapia te funcione? Que creas en ella. Por eso, cuando dices: «Voy a probar», a mí no me cuadra. Porque en esas palabras puedo leer un «A ver si suena la flauta». Y, entonces, no es que confíes, sino que vas a probar «suerte».

Y cada día veo a más personas que no se rinden y usan Tinder con una cara hasta los pies, dándole a la izquierda por sistema mientras van resoplando y recordándose en voz alta que «esto es una mierda empapelá».

Te entiendo, que conste. La frustración puede llegar cuando haces cosas y no hay manera de obtener resultados.

Pero desde ese lugar es difícil que la app te funcione.

👩 «¿Y entonces qué hago? Si no hay mucho más que hacer hoy en día para conocer a gente...».

🧑 «Afilar el hacha».

👩 «¿Eing? ¿Y eso qué es?».

🧑 «Te voy a contar un cuento para que lo entiendas. Érase una vez dos leñadores que estaban talando árboles sin parar. Y uno de ellos, de repente, se paró y se puso a afilar el hacha».

El otro, sorprendido, lo miró con cara de circunstancias y le dijo: «¿Qué haces parando? A la que acabes de afilar, ya no habrá árboles». ¿Y sabes qué pasó después de que acabara de afilar el hacha? Que el otro no solo le alcanzó en velocidad y resultados, sino que lo dejó atrás.

 «¿Y qué tiene que ver eso conmigo?».

 «Pues que tienes tanta necesidad de avanzar que no te has parado a afilar tu hacha. Porque quieres que ocurra algo y matchear con el hombre de tu vida, pero quizá la manera en la que lo estás haciendo no es la que necesitas para fluir y que las cosas pasen».

Y yo me pregunto: ¿por qué seguimos haciendo cosas que nos frustran y en las que no confiamos, esperando a que ocurra el milagro?

Tal vez tengamos la esperanza de que el mundo nos premie y nos ilustre con algo que nos haga cambiar de opinión.

Pero ¿sabes qué? Llámame pesimista, pero el mundo no siempre te va a iluminar. Ni te va a convencer de que sí que vale la pena.

Puede que tal vez ahora no sea tu momento. O Tinder no sea el lugar ni la manera.

PREDICE TU FUTURO MATCH GRATIS

¿Te gustaría saber cómo va a ser tu futuro candidato según cómo actúes y la manera en que seas en tus flirteos y relaciones? Aquí tienes nuestro predictor gratuito. Responde siendo sincera y en unos minutos recibirás tus resultados por email.

 CÓMO LIGAR POR TINDER Y NO MORIR EN EL INTENTO.

47

¿Y qué hay más allá de mi faceta de tía de éxito?

Querida mía,

Siento que ha empezado una nueva etapa en mi vida. Lo siento por dentro. Es como si estuviera dejando espacio a mi faceta más personal, a la de mujer, a la de Sandra, sin más.

Me he pasado media vida haciendo, haciendo y haciendo.

Recuerdo épocas en la universidad y después de ella en la que tenía cuatro trabajos a la vez, además lejos el uno del otro, táper *pa'rriba*, táper *pa'bajo*, llegar a casa a horas intempestivas y no tener tiempo ni de prepararme la comida del día siguiente, a lo largo del cual, obviamente, me pasaría unas trece horas fuera de casa.

«Uyyy, ahora es lo que te toca, ¡eres joven!». Total, que comprendí que era lo óptimo dejarme las agallas haciendo todo lo posible para ser lo más productiva posible. Porque, claro, era joven. De hecho, aún lo soy pero, ¿sabes qué? Que ahora ya no me va ese ritmo.

¿Puedo llevarlo? Sí.

¿Quiero llevarlo? No.

Y como ya sabes, la vida (según *moi*) no es lo que te toca, sino el conjunto de decisiones que vas tomando.

@programamia

Como sabes, amo mi trabajo. Lo adoro. Y te juro que lo que te digo no es marketing, es REAL. Lo amo tanto que ha habido noches en las que me ha costado dormirme de la emoción y de la adrenalina en vena que recorría por todo mi cuerpo.

El caso es que han sido años vertiginosos, me he dejado la piel en Programa Mia. Mejor dicho, el alma. De hecho, Programa Mia es una extensión de mí. Y por eso, hay veces en las que me cuesta diferenciar lo que es trabajo de ocio, porque parte de mis aficiones representan a lo que me dedico.

Pero de repente me paro y me pregunto:

¿Para qué este ritmo tan intrépido?

¿Para qué?

El otro día hice una sesión de coaching socrático junto a un crack de hombre, Alex Tsomaia, coach de mentalidad y autoconciencia. En la sesión, al estilo Sócrates, Alex me iba haciendo preguntas concretas para averiguar lo que había detrás de mi resistencia a delegar. Al principio mis respuestas eran del tipo «Porque temo que se pierda el alma de la marca», «Porque no sé si encontraré a esa persona» y un largo bla bla bla.

Pero ¿sabes qué salió del sustrato de la Tierra tras una hora de preguntas la mar de socráticas? Que en mi tiempo libre me siento más vulnerable. Que si dejo de ser imprescindible, conecto con un vacío. Con ese «¿Y ahora qué?».

Sí, ya yo ves. Cuando te has pasado media vida haciendo, resolviendo, estando al frente y remando, un día, de repente, llegas a la orilla, te secan el sudor y te dicen «Tranquila, ya estás aquí, ahora a vivir». Y de repente y contra todo pronóstico, te das cuenta de que te sientes más torpe, más indecisa, dudas, no sabes del todo qué hacer... Lo que no te ocurre cuando produces o cuando estás en tu rol «mujer exitosa de cara a la galería».

Podría alargarme contándote detalles pero seré breve: esa sesión y mi respuesta final me explotaron en toda la cara. Resulta que no es que me cueste delegar, sino que lo que me cuesta es quedarme en mi faceta Sandra. Sin ninguna coletilla más.

Te diré más, el otro día, mientras escribía en el diario de gratitud que mi querida Charo Vargas (alias Charuca), me encallaba en la pregunta «Hoy empiezo el día alegrándome de ser una persona...». O lo que es lo mismo, no sabía qué poner.

Ya sabes que me encanta pensar que la vida es como una yincana y te pone pistas para descubrir el nuevo caminito hacia el que debes dirigirte. Con la sesión de Alex y la preguntita del diario de Charuca, creo que tuve suficiente. A buen entendedor...

Quiero alimentarme.

Quiero dejar un espacio bien grande a esa maravillosa mujer que soy y que merece, además de un trabajo de la leche, una vida personal nutritiva, bonita y estimulante. Plena.

Te prometo que esta no es una carta de despedida, sino todo lo contrario.

Quiero nutrirme de mí. Y también de mis quehaceres. Solo que haciendo que sean más sostenibles, que me respeten y que me permitan florecer en mi faceta más personal.

Caminar despacio.

Tener tiempo para no hacer nada.

Poner en marcha aquellos proyectos personales que dejé en la estacada porque «no tenía tiempo».

O qué pensabas, ¿qué no se requiere de energía, de espacio y de tiempo para crear tu propia vida más allá de tu trabajo?

Imagínate si me creo a fondo lo que te cuento que me he creado un vision board en Pinterest de lo que quiero que sea mi tiempo de ocio este nuevo año. O mejor dicho, mi vida.

Amiga, tu energía es limitada, al igual que la mía.

Y esa crack productiva y exitosa es experta en tapar otras pequeñas cosas que siguen ahí y que la hacen sentir más pequeñita.

Yo quiero descubrirlas, ¿y tú?

Gracias por acompañarme. Eres mi terapia una vez más.

Un abrazo granDiosa.

Como plantea Charo Vargas (@charuca) en su diario de gratitud, completa la frase **«Me siento agradecida de ser una persona...».**

....

....

....

....

....

Éxito no es ir a tope, eso es estrés

Pregunta, ¿por qué a menudo cuando me mandan propuestas por email empiezan con un «Sé que vas a tope pero, ¿te gustaría...?».

Y yo me pregunto: ¿qué les hace pensar que voy de culo y que no tengo tiempo ni de respirar?

¿Sabes? Hace un tiempo, para mí estas palabras eran casi como un halago.

Ir a tope.

Liadísima.

O de culo.

Eran sinónimo de estar haciendo las cosas bien y de tener éxito. O sea, equivalían a ser o representar lo que se supone hoy en día que es una mujer de éxito.

Es más, cuando me preguntaban «¿Qué tal Sandra, cómo te va?». Mi respuesta de ascensor (lo que viene siendo el elevator pitch rápido que dices sin pensar) era «Pues muy bien, a tope, como siempre». Y digo yo, ¿por qué narices decía eso? Al final va a ser verdad lo que mi querido hermano y socio Albert me dice: «Cuando te repites algo por sistema un día tras otro, te lo acabas creyendo».

Y así es amiga.

Pero la propia vida me ha hecho un lavado de cerebro. Y lo que antes me parecía un halago, ahora me preocupa. Que no, que no quiero ir a tope. Ni de culo. Ahora esa es mi elección. Porque no sé si lo sabías pero tu ritmo lo marcas también tú.

Es más, cuando siento que voy tal que así, se me encienden las alarmas: «No Sandra, ese no es el camino».

¿Quién nos enseñó que el que va de culo es el que está haciendo las cosas bien? Más bien las está haciendo mal.

O porque no sabe priorizar.

O porque no sabe renunciar.

O elegir.

O poner límites. Tal vez tampoco encontrar un ritmo que le respete, que sea agradable y sostenible.

Porque no se organiza.

(Sé que hay excepciones y que a veces no hay mucho margen de maniobra y quizá tú seas una de esas personas).

Pero hoy te hablo de mí y tal vez haya algo de ti en mí.

No quiero ir a tope. Es más, cuando digo «no», no es porque vaya liadísima al máximo, sino porque por ahora, mis prioridades y foco están en otro lugar.

No hace falta esperar a enfermar para renunciar.

La gracia es hacerlo cuando se está sana, sanísisisima.

Firmado: soy dueña de mi ritmo.

@programamia

Lo que quería era ser feliz,
no una crack.

@programamia

48

El empoderamiento postureti me deja hecha polvo

Querida mía,

Son las 7.54 am y mientras me tomo mi café con leche de soja y copos de avena matutino y todavía el cielo está oscuro, me decido a escribirte con unas ganas viscerales.

Acabo de venir de pasear un rato a Dana, mi fiel amiga perruna, y he tenido uno de esos momentos eureka en los que pones palabras a sensaciones que has arrastrado durante mucho pero que no acababas de saber su nombre y apellidos.

Resulta que ayer vi un *reel* maravilloso de una compañera y mejor mujer @sarasarmiento_psicoanalista en Instagram, a la que tuve el placer de conocer en persona hace un par de años en un viaje a Tailandia en el que cada una viajaba sola. Básicamente, lo que expresaba Sara en ese *reel* era que no te convierte en mejor no maquillarte por las mañanas, ni dejar tus canas al natural. Y, ojo, tampoco en peor. Te juro que al ver estos mensajes sentí como un bálsamo en cada poro de mi piel.

«¡Ah! ¿Qué no pasa nada si eres coqueta, si te gusta vestirte bien, si llevas las uñas cuidadas y te maquillas a diario y encima pisas la pelu cada mes?».

¡Ooooooooh qué placer más grande! Desde aquí te digo Sara que gracias.

No sabes la de veces que me he justificado por el hecho de maquillarme o de cuidar mi manera de vestir. Como si hacerlo indicara que no estaba bien conmigo misma, que me importaba mucho lo de fuera, el aparentar o lo que pensaran los demás de mí. Y lo grave del caso es que este mensaje, en sus orígenes, era adecuado. Me explico. Los inicios de esta campaña comunicativa tenían su razón de ser. Y obviamente que las mujeres necesitábamos oír un «Eres maravillosa, si no te apetece, no te pintes, no te pongas tacones, no te mates alisándote el pelo si lo tienes a lo afro porque tal y como eres ya está bien».

Y me encanta, que conste. La presión a la que nos hemos visto y nos vemos sometidas las mujeres en cuanto a preservar nuestro aspecto físico «normativo» es *pa' pegarse* un tiro. Peeeeeeero, de ahí a que empieces a juzgar a las mujeres que se pintan hasta arriba cada mañana, hay un cacho bien grande. A ver si ahora tener pelos en las piernas es sinónimo de empoderamiento. Pues a mí me gusta depilarme. Y me amo. Y antes me depilaba igualmente y no me amaba como me amo hoy. ¿Que igual digo que me gusta porque desde que nací me han metido en la cabeza que una mujer debe ir depilada? Pues no te lo negaré. Pero aun así, yo me depilo. De momento. Que ya sabes que todo puede cambiar.

Y como ocurre a menudo con los movimientos sociales, se nos va la pinza.

Como también se nos fue con el empoderamiento y el «Sola puedes y con todo». Tranquila. Que eso no es cierto y no tienes por qué demostrarle nada a nadie.

No amiga, no te hace mejor viajar sola.

Ni vivir sola.

Ni estar décadas sin vincularte con nadie.

Al igual que tampoco te hace peor.

Este fin de semana pasado asistí a un taller de tantra para mujeres maravilloso con Gemma Estivill que me hizo hacer un clic y poner palabras a algo importante. ¿Sabes? Me he pasado media vida haciendo cosas «de valiente». Como si me tuviera que demostrar a mí misma que podía. Y me he cansado. Aunque también tengo que reconocer que me he sentido orgullosa de mí por hacerlo y saber que puedo.

Cuando no confías del todo en ti y te demuestras a ti misma que puedes irte a la otra punta del mundo sola, hacer lo que te dé la gana, vivir a tus anchas, no compartir tu preciado piso con nadie y gozar de tu libertad, irte de fin de semana catártico a un retiro que te remueve hasta las entrañas porque sí, abrir tu propio negocio sin tener ni pajolera, irte a teletrabajar a la aventura donde te plazca... Llega un día que paras y te dices «¿Y qué?». Pues «Y nada». Que de repente te das cuenta de que no te quieres demostrar nada más. Ni a ti ni a los demás. Y por primera vez te reconcilias contigo y asumes que ya no te apetece eso. Que de tanto salir de tu zona de confort echas de menos el confort.

Y cuando comentas a varias personas que saben que no tienes pareja que deseas un día no muy lejano ser mamá, te dicen «Pues tenlo sola», a lo que respondes con un «No me apetece ahora mismo eso, me gustaría tenerlo con alguien».

¿Y sabes lo peor? Que algunas de ellas te responden sorprendidas con un «¿Pooooor?». ¿Y sabes lo mejor? Que sabes que no te hace peor no querer ser madre soltera. Ni te hace mejor serlo.

¿Pensabas que solo era presión que te metieran con calzador un plan milimetrado en el que tenías que estar casada y con hijos antes de los 30 en un matrimonio que jamás podrías romper? Pues no. Presión es que ahora, estos mensajes mal entendidos, aparentemente inofensivos y encuadrados dentro del feminismo y del empoderamiento femenino, también oprimen.

🧑 «Me apetecería irme a teletrabajar unas semanas lejos de Barcelona».

🧑 «Pues vete tú que puedes. Yo si fuera tú, ni me lo pensaba».

El caso es que tú no eres yo. Y ahora ya no me apetece irme sola a teletrabajar a Bali sin alguien que me acompañe. Y ¿sabes qué? Que no me hace peor. Al igual que no me hizo mejor cuando decidí hacerlo.

Gracias y gracias a mi momento de eureka.

Gracias a mi Sandra tierna y amorosa que me quiere cuando salgo de mi zona de confort y cuando me apalanco en el sofá de casa viendo la misma serie de siempre.

Y gracias a ti por seguir aquí acompañándome.

@programamía

En el pasado quise ser más cabrona

Una mujer fuerte no es una cabrona.

Tampoco lo quiere ser.

Porque la que se ha rendido, ha dejado de luchar.

De querer estar arriba.

Simplemente se ha dicho «Esta soy yo».

Sin más.

Qué cansancio.

De verdad.

Siempre arriba, *pa'lante*, intentando ser poderosa.

Y luego te das cuenta de que justo cuando sueltas eso y no quieres ser fuerte, sino que quieres ser tú, es cuando te llenas de amor.

Y cuando eso ocurre no hay lucha.

Porque tu lado tiernito ya no es un rival.

Sino un aliado.

Fin.

Completa esta frase tantas veces como quieras: **«No necesito demostrarme ni demostrar a nadie que soy...».**

Cuando quieres encontrar pareja
y no eres una desesperada

Querida mía,

Qué difícil es esto del amor... Bueno no, en realidad es fácil, somos los humanos los que lo hacemos difícil.

El otro día estaba comiendo con un grupo de emprendedoras y hablábamos de nuestros objetivos para el año 2022. Y en la conversación salió que un posible objetivo para mí era encontrar pareja. La verdad que me parece un buen objetivo y siento que hay que enfocarse para ello. Lo sé, quizá a ti también te hayan dicho que cuando se va a por un objetivo tal como encontrar pareja estás vibrando en la escasez y, por tanto, la vida te devolverá lo mismo. Pero ¿sabes qué? Yo no pienso así. Tampoco mi querida compañera Silvia Llop (alias @silviallopb en Instagram), psicóloga del amor y gran mujer con las ideas claras cristalinas. ¿Qué pasa si te apetece compartir con alguien especial y activas recursos y pones en marcha una actitud de apertura y de búsqueda? ¿Que inmediatamente te convierte en una desesperada? Yo, desde luego, no lo veo así.

El caso, que una de las mujeres con las que comía decía que encontrar pareja es un deseo, no un objetivo. Y no te diré que no. Pero ella explicaba que no puedes hacer gran cosa para encontrar a esa persona especial, básicamente porque no depende de ti, sino de lo que la vida te va poniendo delante.

Entonces, en ese momento fue cuando se me encendió la bombilla inspiradora y me dije: «Va a caer una señora carta sobre el temita». Y allá que voy.

Mira, esa mujer tenía razón en algo, hay factores externos a ti. Llámalo destino, azar, casualidades de la vida o que se alineen los astros. Pero como ya sabes, amiga, siempre me gusta hablarte de lo que tú sí que puedes monitorizar. Si no, ¿para qué te escribiría cada semana una carta si pensara que tus circunstancias son las que te han tocado vivir y que debes apechugar con lo que venga?

Y te preguntarás, ¿y qué se puede hacer para encontrar pareja? Básicamente preparar el terreno. Y por eso, hoy te traigo dos ideas. Sí, solo dos. Lo bueno, si breve, dos veces bueno.

Primero.

Las personas nos creemos que para encontrar pareja hay que buscarla. Y hoy no te vengo a hablar de algo tan obvio, mi querida compañera de batallitas.

Te vengo a hablar de lo no obvio.

Para empezar, ¿cómo pretendes encontrar pareja si «mientras tanto» ocupas tu poderoso vacío fértil con alguien que muy probablemente ya sabes que no es para ti? Si no hay espacio, no cabe nadie más. Que sí, que tal vez te digas que tú, «mientras tanto», estás abierta, vas haciendo y si llega alguien, *change*. ¿Pero sabes qué? Que sigue sin haber espacio a tu ladito para ese alguien al que andas buscando. Y tú, dale que te pego en Tinder o pretendiendo abrirte a otras personas. Que no, que a ti te engañas pero a tu vacío fértil no. ¿Cómo vas a encontrarte con alguien disponible si la primera que no lo está eres tú?

«Que sí Sandra, te lo juro, que ya apenas hablamos. De verdad que yo estoy superabierta».

Entonces, ¿qué haces todavía invirtiendo tu valiosa energía en algo que no quieres que florezca?

Ayyy, qué miedo nos da ese vacío fértil. Aquello de quedarte con una manita delante y otra detrás. Pero, ese vacío es ese espacio corporal, mental y emocional que al principio nos genera incomodidad, pero luego es una fuente de sabiduría que te va chivando lo que necesitas, lo que quieres, lo que te vibra... Y, en consecuencia, tú te conviertes en eso que quieres.

Y, por tanto, con lo que conectas es con lo mismo que tú ya eres.

Segundo.

Si eternizas tus encuentros con el susodicho de «mientras tanto», lo que ocurre es que como no estás disponible, no acabas conociendo a fondo a otro alguien.

Hace un tiempo dejé una relación en la que no me acababa de sentir bien. Y la verdad que no sabía exactamente el porqué. Era como que no me veía con esa persona. Y cuando la gente de mi alrededor me preguntaba por qué lo habíamos dejado, mi respuesta era difusa: «No lo sé, no estaba bien». ¿Te puedes creer que hasta que no llegó otro alguien especial a mi vida al cabo de meses largos, no comprendí qué era lo que me faltaba? Y entonces fue cuando dije «¡Era esto! Necesitaba sentirme sexy, especial, deseada... Necesitaba una relación más emocional y romántica».

¿Te imaginas que por pura seguridad me hubiera quedado en la relación anterior? ¿Cómo hubiera descubierto lo que SÍ que quiero?

¿Creías que la lista de características de tu pareja ideal se hace desde el sofá de tu casa a lo racional y teórico? Pues no. Se hace cuando te relacionas, cuando experimentas, cuando te expones, cuando vibras con ello y sientes bien adentro «Esto sí». Y no lo dice tu mente, lo dice tu corazón mientras lo vives.

Deja espacio amiga. Las grandes cosas que están por llegar lo merecen.

O mejor dicho, te lo mereces.

Un abrazo granDiosa.

«Quiero conocer a alguien».
Y se puso a buscar.
Pero ese espacio lo estaba
ocupando el susodicho que no
era para ella.

¿Y si la que tiene miedo al compromiso eres tú?

Ojo, que te has pasado media vida demonizándolos porque a todos les cueste horrores comprometerse y resulta que un buen día como hoy, te das cuenta de que una mujer que se fija por sistema en hombres no disponibles es porque ella tampoco lo está.

¿O qué te creías? ¿Que alguien que sí que está disponible tropieza por sistema con quien no?

Lo sé. Cuando te hablan del miedo al compromiso te imaginas a un chulopiscinas al que le gusta ir de flor en flor y cuya madurez todavía no ha llamado a su puerta.

Pero, dime.

¿Por qué te encandilan?

¿Por qué decides invertir tu tiempo y energía en ellos?

Sí, no te cuadra. A mí tampoco me cuadraba. «¿Yo? ¿Miedo al compromiso? Pero si lo que más quiero es una relación como Dios manda».

Que no, que el miedo al compromiso no es un tío al que le entra urticaria cuando le hablas de planear más allá del fin de semana.

Miedo al compromiso implica miedo a que te vean, a avanzar y desnudarte en alma (que en cuerpo es mucho más fácil), a que te descubran de todas las formas y colores.

Miedo a que te rechacen tras haberse entretenido con el envoltorio del regalo.

¿O pensabas que en cuatro citas tontorronas estás dejando que esa persona entre en tu mundo?

Intimar no es coquetear.

Ni intentar que vaya soltándose.

Ni ir de ensayo-error a ensayo-error sin construir nada.

Porque no construyes, sino que lo «intentas».

Intimar es atreverte a estar con alguien que SÍ (en mayúsculas) quiere avanzar y conocerte.

Imagina por un momento que alguien te conoce del todo todo todísimo. Lo que les enseñas a los que «no se quieren comprometer» y lo que no (ya sabes de lo que te hablo).

Y dime, amiga, ¿sientes que se quedarían?

Quiero que responda tu corazón y no tu cabeza tramposa.

Firmado: si la respuesta es un «no», es que tú tampoco estás disponible.

CÓMO «CURARTE» A TRAVÉS DE UNA RELACIÓN.

50

La soltera que cuida de ella, no se emborracha cada finde ni busca relaciones tormentosas, ¡existe!

Querida mía,

De repente son las Navidades del año 2021 y entre la nostalgia y el punto introspectivo que te da, echas una mirada al pasado y te das cuenta de que has estado muchos años eligiendo a personas que no eran lo que quieres hoy para tu vida. Y como ya sabes, cuando llevas varios años tomando decisiones que son un «no», tu red se convierte en algo que no mola, que no está a tu altura y que no representa la vida que quieres vivir. Y te hablo de parejas, rolletes, amigos íntimos y colegas. Todo.

El otro día, mientras paseaba con mi querida amiga Mati (el colmo de la sensatez) me decía que esta milonga de hacer lo que te dé la gana de los 20 a los 35 y luego a los 35 elegir bien, no funciona. ¿Y por qué? Porque lo que tienes a los 35 años es una consecuencia natural de todo lo que has ido eligiendo hasta entonces. Y que lo suyo es ir aprendiendo y alineándote contigo para progresivamente, enfocarte en lo que deseas. Que esto no es un microchip que te meten en el cerebro y de un día para otro ya «sientas cabeza».

Entonces es cuando vuelvo a darme cuenta de que parece que la sociedad te divida en dos grandes bloques:

A. La soltera que disfruta de la vida

(*Disfrutar de la vida = multitud de pseudoparejas, sexo a raudales, planes a *tutti*, mucho movimiento de personas, escapadas y viajes a tope con esa gente que va cambiando, fiesta, expansión, apuntarse a todo y tener un «sí» en la boca antes de que te hayan acabado de hacer esa propuesta. O sea, que si estás en tu casa tranquilita un viernes y estás soltera eres una *desgraciá*).

B. La emparejada que tiene una vida estable y ha sentado cabeza.

(*Sentar cabeza= antes no estabas muy fina del coco y gracias a la paz y calma que te ofrece el susodicho, eres capaz de no darte a «la mala vida»).

Y yo me pregunto: ¿no existe una C que se defina como «La soltera que cuida de ella y no se emborracha cada finde ni busca relaciones tormentosas porque ya no necesita adrenalina en vena simplemente porque se siente en paz»?

Pues en esa estoy yo ahora y he decidido abrir la categoría C por si tú, al igual que yo, te sientes representada por ella. Si es así, querida, ¡existes! Y no estás haciendo nada mal.

Que luego te das cuenta que detrás de esos encuentros sexuales de la soltera categoría A, a veces, no solo se busca sexo por sexo, sino que se busca afecto a través del sexo. Y la única manera que tiene a mano de recibirlo es así. Y si tras ese encuentro tan explosivo que aparentemente ha ido fenomenal hay vacío, desconexión y tristeza, todo apunta a que sí, en ese sexo tórrido no ha encontrado afecto. ¿Es malo? Depende de lo que necesite, de ahí la gran importancia de conocernos. Lo que sí que es malo para ella es si, secretamente, busca afecto cuando lo único que podía ofrecerle el otro era sexo.

Aun así, también te diré que nos machacamos mucho. Y que quizá leas esto y te digas que ojalá lo hubieras hecho diferente en los anteriores años de tu vida para hoy vivir/tener algo distinto. Tal vez hasta quieras meterte en el DeLorean y con la sabiduría de hoy, tener cinco años menos. Te entiendo mucho. Pero hasta la fecha, creo que el DeLorean no existe.

Has hecho y elegido lo que sentías y podías. Y eso no puede cambiar. De hecho, si ahora volvieras al pasado siendo tu Yo del pasado, harías lo mismo, porque en ese momento era lo que te hacía vibrar. Y no hay más.

Es lo mismo que cuando yo me he machacado porque «he dejado escapar» a un hombre increíble porque en ese momento yo estaba por otras cosas. Y escribo entre comillas «he dejado escapar» porque no es verdad.

Que dejar escapar algo tiene una connotación de pérdida. Pero ¿cómo vas a perder si en ese momento no lo quieres ahora? Que sí, que tal vez me convenía y era lo que a cinco años vista me hubiera encajado a la perfección. Pero si ahora por el motivo que sea no lo siento así, ¿no crees que sería un tremendo error quedármelo solo porque mi mente temerosa me avisa de que de aquí a cinco años lo querré? Anda ya.

Como me dijo hace unos años largos mi psicóloga «Sandra, no intentes coger frutos del árbol que todavía no están maduros».

Cuánta razón... Que el fruto estará jugosísimo de aquí a un tiempito y voy a explotar de placer al comérmelo. Pero qué quieres que te diga, ahora está verde y no sabe igual.

Amiga, tal vez sientas contradicción en esta carta. Pero así es, no hay teorías verdaderas. La mía, y si te gusta te la regalo, va de que lo que cultivas hoy, florece mañana, pasado o al otro. Pero solo cultívalo si lo sientes de corazón y no desde el miedo a en un futuro quedarte sin nada. Porque desde ahí no te va a funcionar.

Estoy en la categoría C porque ahora lo siento. Y esta carta no te la hubiera escrito cuando he estado en la categoría A. Y ¿sabes por qué? Porque no lo sentía.

Por si no volvemos a hablarnos, Feliz Navidad querida mía. Gracias por dejarme entrar en tu mente y tu corazón una vez más. Me parece increíble que no te conozca y estemos tan conectadas.

Antes de irme tengo un deseo para ti estas fiestas...

Cultiva lo que sientas tú, no lo que te han dicho que debes cultivar para tener lo que otros desean tener.

Si lo cumples, será maravilloso. Te deseo lo mejor.

El tiempo vuela, ¿dónde puedo comprarlo?

Y de repente te das cuenta de que tienes 35 años ya. Y que la vida no se ha parado. Que los demás han hecho «cosas importantes».

Te encantaría darle a un interruptor y que la vida se detuviera. Para los demás, no para ti, claro. Es como si necesitaras más tiempo para ordenarte, dejar atrás aquellas historias que nunca cuajan, madurar, saber qué quieres, dejar de lado esa ansiedad por que esta vez salga bien y permitirte el lujo de equivocarte y de hacer el tonto con historias puramente temporales.

Necesitas tres años más. ¿Dónde se compra eso? La verdad es que te hubiera gustado darle a ese interruptor y parar la vida de los demás hace seis años. Así la presión social que sientes ahora quizá no la sentirías. Pero no se puede. La vida sigue. Y cuantos más pasos dan los demás, más atrás te sientes tú.

¿Cómo puede tener estas preocupaciones tan «absurdas» una mujer de 35 años? Que si ha publicado algo en Instagram, que si me ha mirado mis stories, que si ahora nos dejamos de ver y luego nos encontramos y de repente vuelve a surgir... La verdad es que cuando te imaginabas a los 20 años teniendo 35, te veías con tu pareja, tu casa, tus hijos y preparando la cena de Nochebuena e invitando a los que siempre te han invitado a ti.

Pero no. Tu tía te sigue invitando y sigues teniendo la categoría de «niña». Al menos en tu familia. Y te siguen regalando el perfume *best seller* de Sephora, con su caja incluida.

Y aun sintiéndote así, ¿cómo alguien con 35 años se mete en historias que sabe que no le van a llevar a «ningún lado»? Dos años de tu vida con idas y venidas, con palos en las ruedas, con subidas y bajadas. Y ahora, por fin, se ha acabado.

Y por más que te machaques, martirizándote por el tiempo perdido, la verdad, querida mía, es que durante esos años no sabías hacerlo de otro modo. Y la verdad es que, como mi querida psicóloga me dijo un día hace algunos años, «no intentes recoger frutos del árbol cuando no están maduros, porque no te van a saber bien».

Y quizá estos dos años eran necesarios. A pesar de todo.

Sí, a pesar de todo.

Me decía que fueron años
«perdidos».
Pero esos mismos hicieron
que no perdiera ni uno más.

51

Dos condiciones que no necesitas para que «llegue la persona»

Querida mía,

Esta va a ser la última carta que te escribo este año, así que te traigo verdades. Mejor dicho, te traigo mis verdades. Si te gustan, quédatelas y conviértelas en las tuyas. Estaré encantada.

Pues nada, que ahora resulta que para que aparezca esa persona, que es para ti y con la que vas a hacer ese clic que nunca os separará, necesitas condiciones.

Una de ellas: que no te apetezca tener novio.

Te pongo en contexto: «Cuando conocí a Jordi, lo último que quería era una pareja estable, estaba tan a gusto con mi vida y conmigo que ni siquiera me lo planteaba».

Y cuando escuchas este tipo de testimonios te dices «Mierda, a ella le ha pasado porque le importaba un pito que apareciera o no esa persona pero yo no siento eso. Yo quiero que aparezca». Que morirte no te vas a morir sin esa persona en los próximos meses o años de tu vida, pero te apetece. Y más que apetecerte, tienes ganas. Muchas (para qué nos vamos a engañar). Y esa motivación que va en aumento, te preocupa porque has oído varios «casos de éxito» que aseguran que «Apareció cuando menos lo esperaba».

Tranquila, amiga. He escrito esta carta para que sepas que querer, desear, tener ganas e incluso muchas de tener pareja, no va a hacer que no aparezca. Así que date el permiso y di alto y claro si es que lo sientes: «Me apetece encontrar a alguien especial con quien compartir y construir un proyecto de vida en común». Y quédate más ancha que larga.

Al igual que hace unos años se puso de moda (y aún continuamos con las secuelas de tal movimiento) la oda a la soledad, a poder con todo sola y a no necesitar de nadie, auguro un cambio de dirección. Como soy medio bruja y a veces vislumbro las próximas tendencias, siento que el movimiento va a ir hacia una dirección más sostenible, amorosa y respetuosa para la raza humana: desear compartir con alguien y que además esté bien visto y mole.

Ojo, que de las ganas a la ansiedad hay una línea finita finita y no quiero que hagas trampa y te apoderes de un discurso que suena guay pero que no lo sientes.

Que la prisa implica ansiedad. Y la ansiedad implica miedo al futuro. Y desde ahí, tus elecciones, van a tener más números de convertirse en cagadas. Esto es lo mismo que ir al casino y apostar 10€ al rojo sabiendo que no te va la vida en ellos o apostar 200€ sabiendo que, si los pierdes, no tendrás para comer lo que queda de mes. Nada que ver. Y tus niveles de cortisol lo saben.

¿Y qué hace el estrés, la ansiedad y el miedo? Que resultes poco fluida, que puedas ver amenaza donde no la hay, que te agarres a un clavo ardiendo y que te convenzas de que estás delante de un SÍ cuando en realidad es un NO.

Ahí va la segunda condición para que «aparezca la persona» según el bombardeo de información que me cae encima a lo largo del día: que estés lista.

Y digo yo, ¿qué es estar lista? Haber sanado todo. Pero todito todo. No vaya a ser que de repente, conforme vayas intimando, esa niña herida a la que le faltó reconocimiento vuelva a sentirse insegura. Y entonces qué, ¿lo mandas todo a la mierda?

Y entre mensajito irónico y mensajito irónico te digo que no, que si esperas a estar lista, probablemente, el día que sientas que lo estás, te adentrarás en algo que te hará saber que hay cositas que aún escuecen. Y ¿sabes qué? Que no pasa nada. Que el objetivo no es que no haya un ápice de incomodidad, incertidumbre, inseguridad o dudas.

El objetivo es poder hacerte cargo de ello, gestionarlo tú, con esa madre suficientemente buena que hay dentro de ti y que sabe darle a esa parte tan tierna lo que necesita sin cargarle el muerto al otro.

(Paréntesis). Si creyera que siempre de los siempres estás preparada, no hubiera creado una terapia grupal para mujeres que necesitan sentirse seguras siendo ellas mismas y conectar con su autenticidad y con su poder innato. Debe haber amor hacia ti, sentir desde tus entrañas que puedes construir una relación recíproca y maravillosa mientras sigues siendo responsable de ti, de tu vida y de lo que sientes.

Dicho esto, querida, te quiero regalar mi tercera verdad de hoy: no hay gurú.

No hay un ritual que vaya bien a todas, ni un camino que si lo sigues de pe a pa te vaya a regalar a la pareja de tus sueños. Tampoco hay una verdad que aplique a todas las que me leéis.

Que el detox de Tinder que le vino bien a una porque en ese momento sintió hacerlo, tal vez a ti no.

Que ese clic que a la otra le produjo esa conferencia de tal psicóloga, quizá a ti no te mueva.

Y que el dejar pasar unos meses largos tras esa relación tormentosa que a la de más allá le funcionó, quizá a ti no te funcione.

La gurú eres tú, aunque tal vez fantasees con que te puedas agarrar a esa única opción verdadera y efectiva que te resuelva la vida amorosa para siempre.

Gracias por esa primera comida inspiradora a mis queridas María Callizo (@maria_callizo), Pat Carrasco (@iampatcarrasco) y Ruth Brigandi (@ruthibrigandi) en la que mientras nos contábamos pedacitos de nuestras vidas, me transmitisteis que el amor, al igual que la vida, no es perfecto, pero puede ser maravilloso. Y de ahí las verdades que relato en la carta de hoy. ¡Me inspiráis!

Y a ti, querida mía, te deseo de corazón que este nuevo año lo empieces con esa misma ilusión e incertidumbre que recorre todo mi cuerpo cual niña que estrena zapatos nuevos.

Ojalá mis verdades te hayan llegado hondo. Hasta el año que viene.

Un abrazo granDiosa.

@programamia

No has venido a aprender, has venido a disfrutar

Me agota estar aprendiendo día tras día. Y mira que me encanta hacerlo. Pero sentir que solo he venido a este mundo para integrar lecciones a base de ensayo-error, ensayo-error, qué quieres que te diga...

Lo sé, mis anteriores relaciones eran justo lo que necesitaba para estar hoy en mi actual casa, con una vela encendida a mi lado, tomándome un café con leche, liderando Programa Mia y escribiéndote esto.

Pero hay algo que no nos han aclarado.

El aprendizaje es una consecuencia, no una finalidad.

Que sí, que después de vivirlo, sentirlo y resolverlo, has aprendido. ¿Te imaginas que después de todo el percal ni siquiera te llevaras eso? Sería un delito.

Cuando oigo que las relaciones que vives son para aprender y que acaban cuando ya no puedes aprender más, me rechina. Me imagino como si estuvieras en Harvard y cada asignatura fuera una relación (algunas las apruebas sin esfuerzo, en otras sacas matrícula y en otras tantas ni repitiendo hay forma humana). Y hasta que no pases por todas ellas, no te darán el diploma.

Entonces, el disfrutar, el compartir sin más, en definitiva, el VIVIR, ¿dónde queda?

¿Y si no hemos venido a aprender? ¿Y si hemos venido a disfrutar?

¿Y si esa relación que te ha dejado KO es un aprendizaje por narices pero te lo podrías haber ahorrado?

¿Y si no quieres estudiar en Harvard? ¿Y si lo que quieres es pasarlo bien en la medida que se pueda?

Pues eso pienso yo, amiga.

Que el diploma no se lo van a dar solo a la que se haya dejado las agallas.

Y si así fuera, yo no quiero ese diploma.

Fin.

El amor no solo le llega a la pasota que no lo esperaba. También a ti, que lo deseas.

@programamia

52

La soledad no se combate quedando con quien queda

Querida mía,

Te escribo con una buena resaca navideña. Pero no debida a los efectos del alcohol, sino a las secuelas que deja en mí sentir de cerca lo que más cuesta arriba se me hace a día de hoy: la soledad.

Como te contaba semanas atrás, la Navidad me enternece, me conecta con la necesidad de vínculos profundos, de pertenecer a una tribu y de sentir que formo parte de ella y que, si no estoy, se va a notar y mucho. Que sí, que aplica para cada día del año porque soy humana, pero en estas fechas, al menos para mí, esa sensación se eleva al cubo.

Y después de lidiar con todo ello, te traigo una carta con una moraleja importante, el aprendizaje que a mí me ha hecho gestionar la soledad de un modo distinto.

Resulta que en el pasado fui satélite (y para qué engañarnos, a veces lo sigo siendo). Vamos por partes... Satélite quiere decir que voy picoteando de aquí y de allá. Que a veces envidio a esos grupos que permanecen intactos desde el colegio y que hacen cada viernes del mundo lo mismo, que quedan los mismos y que, pase lo que pase, siguen manteniendo esos encuentros inmaculados. Pero mi vida no ha sido así.

Y si te digo la verdad, si no tengo eso también debe de ser porque quizá no era lo que siempre quería, a pesar de que envidie el sostén que puede darte ese grupo de amigos incondicional cohesionado e inmutable.

Tengo buenos amigos, pero no todos ellos pertenecen a ese grupo cohesionado a lo *Friends*.

¿Y eso qué quiere decir? Que cuando no hay esa cohesión de grupo, los encuentros se dan de forma no tan institucionalizada. O sea, que puede que se diluyan más en el tiempo o que no cumplan las quedadas semanales de rigor.

Y, en Navidad, esa sensación de «Cada oveja con su pareja» y «Todos tienen su vida» se hace más grande. Como si yo no tuviera una vida. Pero cuando te metes en la nube negra, realmente te lo crees, a pesar de que tu vida exista y la construyas día a día según tus apetencias. Porque, recuerda amiga, hasta lo que dejas en manos del azar ya es una decisión que estás tomando.

Y no, no conviene que le hagas caso a tu mente porque a veces quiere hacerte creer que eres algo así como una desgraciada, cuando no es cierto. Y lo que haces, ¿qué es? Mover cielo y tierra para no experimentar en tus propias carnes la odiosa sensación: la soledad.

Y para ello, te resistes a que pase. Pero mucho mucho. Y en esos momentos puede que caigas en preguntarte el ERROR (en mayúsculas):

«¿Quién queda que esté libre?».

Y ahí empieza la pesadilla que tiene por título: «Cómo sentirse más vacía cuando en lugar de escoger qué quieres, te quedas con las sobras». Y mientras escribo esto me sabe mal por aquellas personas de tu círculo no tan inmediato que están libres, porque quizá, en otro momento de buen rollete las escogerías y te aportarían mucho. Pero no te engañes, ahora no es ese momento y, como ya sabes, cuando la soledad llama a tu puerta, tu sistema emocional está pidiendo a gritos que te vuelvas selecta no, ¡lo siguiente! Una tiquismiquis de categoría. Porque no quiere coleccionar frustración, vacío ni pesadumbre (solo le faltaba eso). Lo que quiere es que te des lo que realmente a tu corazoncito desesperanzado le apetece genuinamente. Y solo así, siendo tan delicada con él y escuchándolo muy de cerca, vas a poder acertar.

Y por eso, la pregunta no es «¿Quién queda que esté libre?», sino «¿Qué me apetece genuinamente hacer?».

Y esa pregunta requiere que saques de la ecuación a las personas que estén libres. Porque lo que necesitas no va de «quién queda», sino de «qué quiero y qué me apetece ahora».

Como te leo la mente, puede que estés pensando «Ya hija pero por mucho que me apetezca algo, si con quien quiero hacerlo no está disponible, ¿qué carajo hago?». Y ahí volvemos al error, que pensamos que la soledad solo se combate con seres humanos (ojo, que también). La soledad se combate con conexión profunda. Y la primera persona con la que necesitas generar esa intimidad es contigo, dándote lo que necesitas y no adaptándote a «lo que queda» porque realmente no es lo que necesitas ahora. Y si lo es, eres una bendita afortunada, cógelo al vuelo.

Y de repente, cuando dialogas contigo y sueltas ese fervor por evitarte esa tarde sola, lo aceptas, te dejas de resistir y empiezas a cuidar de lo que quieres y te apetece. ¿Sola? Sí, no o quién sabe.

Que el éxito no es que esa tarde la acabes con alguien, sino que la acabes sintiendo que la has dedicado a lo que SÍ que te apetecía.

Bendito aprendizaje, te ha costado llegar a mi vida, ¡pero has llegado! Y no solo has cambiado mis días, sino mis relaciones.

Gracias infinitas por haber llamado a mi puerta.

Y gracias a ti por aplicar la genuinidad a tus días. Te sienta de maravilla.

Un abrazo granDiosa.

Sé anfitriona de tu vida, vivir de prestado no mola

Cuando vas a la fiesta de cumpleaños de la amiga de tu amiga.

Cuando te unes a la cena del marido de tu prima y sus excompis de curro.

Cuando te apuntas a esa bbq del grupo de amiguis de la uni de tu mejor amigo.

Y oye, te lo pasas bien.

Aunque llegas a casa con una sensación agridulce.

¿Una vez? Sí.

Pero que el 75% de tu vida social se base en que te presten la vida social de otros, no.

Lo mismo pasa con la ropa. Que te presten ese pedazo de vestido para esa boda está ok.

Que cada día tengas que vestir de prestado, no mola.

¿Y tu estilo?

¿Y tu seña de identidad?

Y no, no eres una rancia. Eres una mujer que quiere tener su propia red. Y no picotear de la de otros.

Que son majisisisimos, ¡lo sé! Y encima te tienen en cuenta. La leche.

El tema es que tú también quieres ser anfitriona.

Organizar los planes que te encanten.

Y poder estar con tu gente.

No con la gente de tu gente.

Y ojo, que quizá con el tiempo se convierten en tu gente.

Pero, ahora no lo son.

Y el anfitrión se lo goza. Porque está con lo que es suyo.

Y tú también te lo vas a gozar cuando además de que te presten un pedacito de sus vidas, tú ya tengas la tuya.

Con tu gente.

Con tus planes.

Con esa sensación de estar en casa.

Mola.

Mola mucho.

Sé anfitriona y crea tu vida.

¿Sabes? Creo que es el requisito para poder también disfrutar siendo invitada.

¿Cuál es el próximo plan que vas a orquestar porque te apetece y que sea tuyo?

53

Cuando quieres enamorar al que nunca se enamora

Querida mía,

Acabo de terminar de ver una peli aparentemente tontorrona en Netflix titulada 4 *mitades* y buaahhhhhh, mi cabeza ha hecho un clic importante.

Y de repente, algo que he tenido dentro de mí durante años, resulta que ha salido a la palestra. Y por eso me estás leyendo ahora mismito, porque te lo quiero contar.

Te recomiendo la peli, sí. Básicamente porque corrobora mi teoría sobre que no hay una sola «persona de tu vida», sino que puede haber varias. Esto quiere decir que si en lugar de estar viviendo en Barcelona, viviera en Washington, quiero pensar que no por ello la vida me privaría de encontrar a «la persona» porque resulta que podemos ser compatibles con más de una.

Y ojo, que la persona con la que estás ahora, si te hace feliz, en este momento será «la persona». Pero sobre todo, si eres de las que siguen idolatrando lo que sintieron y vivieron con un ex, desde ya te digo que la vida sigue. Te lo prometo. Aunque te esté sonando a muy poco romántico lo que te digo, así es.

Pero no te vengo a hablar de eso, sino de mi reflexión matutina pospeli.

Desde que salgo con hombres, he visto que hay dos tipos (también debe haberlo de mujeres, pero te hablo de ellos porque es con quienes me he relacionado románticamente):

A. *Los que son de tener pareja.*

B. *Los que no son de tener pareja.*

Total, que los que son de la categoría A, los ves venir porque han tenido varias parejas estables, porque su manera de tratarte va enfocada a ello y porque sus códigos, también Y además, les salen de forma natural porque han aprendido a relacionarse de esa manera y les gusta. Incluso aunque lo vuestro sea un rollete efímero, notas su punto A en cómo te habla, en cómo te toca, en el sexo, en cómo dormís juntos, en qué hace al día siguiente y al otro. Ojo, que sea de la categoría A no significa que siempre de los siempres quiera salir con toda mujer que se le pasa por delante, pero el trato es ese. Y, además, su zona de confort es compartir en pareja.

Luego están los de la categoría B, los que hueles que no son de comprometerse. ¿Que algún día lo harán o lo han hecho? Puede que sí, pero intuyes que su zona de confort no es la pareja, sino el libre albedrío y que cuando han tenido novia ha sido de rebote porque «sin querer», se han enamorado a pesar de que esa no fuera su intención.

Y resulta que sin darte cuenta, a los de la categoría A es como si les desmerecieras más. Al menos yo lo he hecho. Y ahora me pregunto: ¿Por qué? ¿Acaso es menos valioso que un hombre de la categoría A se fije en ti que un hombre de la B?

Como si entendiéramos que los del primer grupo se agarran a un clavo ardiendo, no quieren estar solos y, por eso, se quieren quedar contigo. Porque eres una candidata más y «les cuadras».

Sin embargo, los del grupo B, cuando sienten, lo sienten de verdad y, aunque te cueste carros y carretas que se comprometan contigo, resulta que «cuando lo consigues» es como si hubieras ganado la Bonoloto. Y digo yo, ¿ganar el qué? ¿El cariño y el amor de un hombre? ¿De verdad eso me lo tengo que ganar como si se tratase de un trofeo a la más *apañá* e interesante de entre todas las demás?

¡Gracias, vida! Me ha costado pero por fin siento que estoy madurando.

No quiero retos ni convencer a nadie de nada, no me hace mejor. Ni a ti tampoco.

@programamia

Qué sí, que he querido ser la chica que enamore al chico que nunca se enamora durante décadas. Pero ¿sabes qué? Que ya no me apetece eso. Y te lo digo con todo el amor del mundo.

Porque simplemente no siento que esa sea mi función, ni que yo sea la lección de nadie. Esa asignatura pendiente llamada «Conmigo sí que te valdrá la pena» no soy yo.

¿Quién nos hizo creer que restaurarle como si de un diamante en bruto se tratase nos daría más valor?

«Antes de mí, nunca antes había tenido novia, es la primera vez que trae a alguien a casa y sus amigos me han dicho que eso es superraro en él y que yo soy la única con quien lo ha hecho».

Y venga a colgarte medallitas.

¿Y qué pasa si es un tío al que le gusta compartir en pareja y ya lo ha hecho antes con algunas más y aun así ahora eres tú a la que quiere incluir con su gente porque te quiere, le gustas y le ilusionas? ¿Que en lugar de ganarte cuatro medallas solo te ganas una?

No necesitas medallas, créeme.

Porque recuerda, querida, tú no eres la lección de nadie.

Y tanto es así, que vas a quedarte con quien desee lo mismo que tú.

Que, como decía Antonio Orozco, «el amor no lo es todo». ¿Necesario? Sí. ¿Suficiente? No. Porque hace falta converger en cuanto a proyectos y objetivos.

Qué bien ponerle palabras a todo esto.

¿Sabes? Me siento más ligera después de habértelo contado.

Gracias por seguir aquí conmigo, hasta el jueves que viene.

Un abrazo granDiosa.

@programamia

¿Yo soy muy intensa o él lo es muy poco?

¿Tan raro te parece estar harta de esperar?

Al final te frustra, Ani. Porque en el fondo no es ese el ritmo que es cómodo para ti. Pero bueno. Al final aprendes a que hay algo malo en tu ritmo. Y te va como anillo al dedo eso de describirte como alguien «intensa».

Aunque la verdad, te cansas más frenando constantemente y aguantándote las ganas que no siguiendo con la velocidad que a ti te gustaría.

Que sí Ani, que es frustrante. Como me decía hace muchos años un coach: «Tú Sandra, cuando tienes pipí, ¿qué haces?».

Y yo, alucinada, decía: «Ir al baño».

Pues imagínate Ani, cada vez que tienes pipí, aguantarte las ganas. Por sistema. Y cuestionarte el porqué vuelves a tener pipí cuando «en teoría», has ido al baño hace una hora y casi no has ingerido líquidos.

Pero cuando tienes pipí, vas al baño y punto. Y no te complicas más la vida. Ni te machacas por tener ganas. Porque lo vives como algo natural.

Pero te cuestionas a diario. Y mides hasta qué punto tienes derecho a querer más. Y si es normal.

Pero ¿por qué? ¿Dónde has aprendido que hay que aguantarse? ¿Y que tu ritmo no es bueno? ¿Y que siempre hay que frenar y tener paciencia? Dime, ¿dónde?

¿Y si el mundo fuera más fácil y asumieras que el problema no es tu ritmo?

Sino que el problema es que tu ritmo y el suyo no son el mismo. Que la intensidad que para ti es confortable, para él no. Y que las cosas son fáciles cuando te encuentras con alguien en un espacio-tiempo parecido.

Que llamarte cada día está bien. Y cada cuatro también. Y dormir tres veces a la semana juntos también. Pero también hacerlo todos los días. O jamás.

Y dime, ¿qué cambiaría en ti mañana si amanecieras creyéndote que eres una tía normal y que tu ritmo es normal?

¿Qué cambiaría?

Porque quizá, Ani, dejarías de aguantarte. Simple y llanamente porque asumirías que ese ritmo al que tú llamas «intenso» es adecuado.

Y cuando te crees eso, dejas de aguantarte el pipí. Y vas al baño. Y, ¡ooooohhhh! Te quedas a gusto. Muy a gusto.

Y sí, el problema solo es que crees que tu ritmo es un problema.

CÓMO LOGRAR QUE TE VALORE Y SIENTA LO MISMO POR TI.

Como si fuera una
misión convencerle.
«Conmigo sí que te
valdrá la pena».
Pero yo no soy la lección
de nadie.

Los libros que han cambiado mis esquemas

Como has visto, gran parte de mis aprendizajes y reflexiones provienen de libros escritos por personas inspiradoras, que han caído en mis manos y que me han enseñado algo valioso que te he trasladado en forma de cartas y post a través de este libro que con tanto amor he escrito.

Y como me han ayudado tanto esas lecturas, te voy a enumerar los libros más significativos que he leído durante el último año y que me han cambiado los esquemas. Algunos de ellos los habrás visto citados en mis cartas y otros, simplemente han plantado semillas en mí que me han ayudado a sacar a la luz parte de las reflexiones que contiene mi libro.

Como ya sabes, no leo los libros de principio a fin ni siempre en su totalidad. Pero lo que me ha aportado cada uno de ellos es suficiente como para que pueda recomendarte cómo y cuándo usarlos a tu favor.

Gracias autores por compartir vuestras reflexiones, aprendizajes y conocimientos. Sois maravillosos. Me habéis ayudado a crecer.

Allá vamos.

- *Ama a las personas, utiliza las cosas... Porque al revés, jamás funciona*, de Joshua Fields y Ryan Nicodemus.
  Cuando quieres crear una vida plena que tenga más sentido, encontrarte contigo misma y volver a disfrutar de lo sencillo, soltando todo el cúmulo de cosas materiales que te han mantenido ocupada hasta el momento y que no son lo que necesitas para ser feliz.

- *Mentes insanas: Ungüentos feministas para males cotidianos,* de Brigitte Vasallo.

  Si quieres acercarte al feminismo con un toque ácido, directo y cañero y, a partir de situaciones supercotidianas, plantearte nuevas maneras de ver el mundo más justas y que no te hagan sentir un bicho raro, este es tu libro.

- *El síndrome de la impostora: ¿Por qué las mujeres siguen sin creer en ellas mismas?,* de Elisabeth Cadoche y Anne de Montarlot.

  Cuando temes a que, tras abrir el envoltorio del regalo, te descubran y se den cuenta de que en realidad, no eres para tanto. Y si cuanto más arriba y más cerca de lo que consideras éxito te encuentras, estos miedos se cuadruplican, esta lectura sin duda es para ti.

- *Encuentra a tu persona vitamina,* de Marian Rojas Estapé.

  Para tejer una red de personas a tu lado que te sume, que saque tu mejor versión y que la sientas como un lugar seguro para sentirte sostenida, reconfortada y feliz.

- *Negocios Medicina: Alquimiza tu negocio y tus servicios para vivir la vida que deseas,* de María Callizo.

  Cuando quieres dejar de ser una máquina de lograr objetivos a cualquier precio y necesitas llenar de conciencia y humanidad tu negocio cuidando de ti y de tu capacidad innata para crear y ofrecer tus dones al mundo.

- *Ligar es fácil si sabes cómo. Manual para solteros y solteras que quieren dejar de serlo,* de María Pasión.

  Si estás soltera y quieres que las apps de ligoteo sí que te funcionen y no frustrarte una y otra vez, tienes que leerlo. A partir de chats reales y tips concretos, sabrá cómo enfocarte en aquello que sí que quieres para que la app te devuelva lo mismo.

- *Pausa. No eres una lista de tareas pendientes,* de Robert Poynton.

  Si te has pasado los últimos años de tu vida haciendo, haciendo y luego, haciendo más y sientes que necesitas un estilo de vida más amable, calmado y respetuoso contigo y con tus tiempos, debes leerlo.

- *La mujer oceánica,* de Myriam Peña.

  Si deseas conectar con la mujer salvaje que llevas dentro, con su potencial creador y su inmensa intuición que te permita expresarte en plenitud y conectar con tu verdad más profunda, este libro te va a cautivar.

- *El fin del amor. Amar y follar en el siglo XXI*, de **Tamara Tenenbaum.**

  Cuando no te sirve el concepto de amor romántico que nos han vendido y quieres dejar de depositar tantas expectativas en la pareja para abrir tu mente a un modelo más sostenible y real. Leerlo te hará darte cuenta de todas esas teorías que has heredado, que siempre te han parecido "lo normal" y nuevas maneras de comprender el amor.

- *Sanando las relaciones de pareja. Qué tenemos que sanar para ser más felices con un otro*, de **Pablo Flores.**

  Cuando quieres conocerte a ti misma y comprender y sanar tus dificultades en el terreno del amor a través de la astrología aunque no seas una entendida en el tema.

  Te ayudará a entender la manera en que te vincules, lo que te atrae irremediablemente y lo que necesitas para encontrar el equilibrio que te haga sentir en paz en tus relaciones.

- *Mi cuaderno estoico. Cómo prosperar en un mundo fuera de tu control*, de **Massimo Pigliucci y Gregory Lopez.**

  Este libro te sugiere ejercicios prácticos para enfocar aquellas situaciones de la vida cotidiana que te hacen sentir sobrepasada tal y como lo harían los estoicos, dejando atrás la ira y la impaciencia. Si quieres saber cómo aceptar lo que la vida te depara sin resistirte a ello y sufrir innecesariamente, este es tu libro.

Además de estos libros que cayeron en mis manos en 2021, no puedo dejar de citar mis «clásicos», aquellos que hemos recomendado cientos de veces a las mujeres a las que ayudamos.

- *Abraza a tu niña interior*, de **Victoria Cadarso.**

  Un imprescindible si quieres comprender que sintió tu niña interior para que a día de hoy te relacionas con el mundo como lo haces. Si deseas acercarte a ella, comprender qué necesita y anhela y cómo poder ofrecérselo desde tu adulta y sentirte más fuerte y autónoma, este libro es para ti. Te llenará de ternura y amor.

- *El buen amor en la pareja*, de **Joan Garriga.**

  Si sientes que depositas todas tus historias no resueltas en la pareja y esperas, sin poder evitarlo, que esa persona pueda completar todos tus anhelos y frustraciones, sin duda, debes leer este libro. Comprender qué debes resolver que te corresponda hará que tus relaciones funcionen.

@programamia

Para ir al grano

He creado este pequeño apartado para esos días en los que, más que abrir el libro por cualquier página y ver qué te depara la lectura, puedas encontrar aquellas cartas que te ofrecen soluciones a ese tema en concreto que hoy te interesa, te molesta o necesitas resolver.

Aquí tienes unos caminos rápidos para llegar a tu destino.

@programamia

@programamia

@programamia

Recursos gratuitos para sentirte granDiosa

A lo largo de la lectura te habrás ido topando con algunos de los recursos gratuitos que desde Programa Mia ofrecemos. Como quiero que los encuentres fácilmente y eches mano de ellos siempre que lo necesites, aquí tienes recogidos todos ellos para que no se te escapen.

INSTAGRAM
Síguenos y empápate de los recursos tan valiosos que te iré compartiendo día a día en mi red social favorita.

CLASE ONLINE
Si necesitas un buen chute de autoestima, conectar con tu autenticidad y poder natural y construir las relaciones que ahora mismo quieres para ti, aquí tienes mi clase online gratuita. Te irá de fábula.

TEST
Dime cómo amas y descubre cómo eres con nuestro test gratuito y averigua cuál es tu manera de vincularte en pareja, qué dice eso de ti, conoce el perfil por el que tenderás desde ese rol que sueles ocupar y lo que necesitas para sentirte mejor contigo misma y en las relaciones que construyas. Responde siendo honesta y recibe a tu email tus resultados.

YOUTUBE
Ahora que te he abierto parte de mi mundo y que ya nos conocemos más, me gustaría que me vieras en acción. Aquí te dejo nuestro canal de YouTube para que te suscribas y te empapes de todos los recursos que con todo mi entusiasmo te comparto.

ENTREVISTA DE VALORACIÓN

Si sientes que mereces dar un paso más y generar un cambio profundo en ti para sentirte plena y en paz, reserva una entrevista de valoración gratuita con una profesional del equipo para averiguar si es tu momento y si nuestro Programa es para ti.

PREDICE TU FUTURO MATCH

¿Te gustaría saber cómo va a ser tu futuro candidato según cómo actúes y la manera en que seas en tus flirteos y relaciones? Aquí tienes nuestro predictor gratuito. Responde siendo sincera y en unos minutos recibirás tus resultados por email.

Además, aquí te dejo todos los episodios que te he ido recomendando a lo largo del libro para que los localices y vuelvas a escuchar si necesitas afianzar tus ideas.

PÓDCAST RECOMENDADOS EN ESTE LIBRO

El porqué esa relación te genera ansiedad.

El peligro de ser doña autosuficiente.

4 máximas para dejar de compararte

Cuando crees que los hombres son lo peor, ocurre esto.

La mujer espiritual y cool existe.

¡Y yo en casa! Así, ¿cómo voy a conocer a alguien?

Cómo no sentirte juzgada por «seguir» soltera.

Cómo lidiar con el perro del Hortelano.

@programamia

El porqué te enganchas a lo intenso

No encajo, ¿será que soy rara?

Cuando conviertes el empoderamiento en exigencia

El peligro de ser doña autosuficiente

Cómo ser auténtica y en lugar de encajar, cautivar

¿Por qué acaban con otra y no conmigo?

¿Te martirizas por no sentirte segura en esa relación? Esto es para ti.

Cuando pides intimidad y la que no se deja conocer eres tú

Cómo ligar por Tinder y no morir en el intento

Cómo «curarte» a través de una relación

Cómo lograr que te valore y sienta lo mismo por ti

@programamia

SPOTIFY
Aquí tienes nuestro canal de Spotify donde encontrarás todos los episodios del pódcast de Programa Mia. Contiene horas de recursos e inspiración.